马克思主义简明读本

什么是封建主义？

丛书主编：韩喜平
本书著者：刘 京　陈文瑛

编 委 会：韩喜平　邵彦敏　吴宏政
　　　　　王为全　罗克全　张中国
　　　　　王 颖　石 英　里光年

吉林出版集团股份有限公司

图书在版编目（CIP）数据

什么是封建主义？/ 刘京，陈文瑛著. -- 长春：吉林出版集团股份有限公司, 2012.12（2019.2重印）
（马克思主义简明读本）

ISBN 978-7-5463-9626-2

Ⅰ.①什… Ⅱ.①刘…②陈… Ⅲ.①封建制度—青年读物②封建制度—少年读物 Ⅳ.①D033.2-49

中国版本图书馆CIP数据核字(2012)第291841号

什么是封建主义？
SHENME SHI FENGJIAN ZHUYI?

丛书主编：	韩喜平
本书著者：	刘 京 陈文瑛
项目策划：	范中华 徐树武
责任编辑：	金 昊
出 版：	吉林出版集团股份有限公司
发 行：	吉林出版集团社科图书有限公司
电 话：	0431-86012746
印 刷：	北京一鑫印务有限责任公司
开 本：	710mm×960mm 1/16
字 数：	100千字
印 张：	12
版 次：	2012年12月第1版
印 次：	2019年2月第3次印刷
书 号：	ISBN 978-7-5463-9626-2
定 价：	29.70元

如发现印装质量问题，影响阅读，请与出版方联系调换。0431-86012746

序　言

习近平总书记指出，青年最富有朝气、最富有梦想，青年兴则国家兴，青年强则国家强。青年是民族的未来，"中国梦"是我们的，更是青年一代的，实现中华民族伟大复兴的"中国梦"需要依靠广大青年的不断努力。

要提高青年人的理论素养。理论是科学化、系统化、观念化的复杂知识体系，也是认识问题、分析问题、解决问题的思想方法和工作方法。青年正处于世界观、方法论形成的关键时期，特别是在知识爆炸、文化快餐消费盛行的今天，如果能够静下心来学习一点理论知识，对于提高他们分析问题、辨别是非的能力有着很大的帮助。

要提高青年人的政治理论素养。青年是祖国的未来，是社会主义的建设者和接班人。党的十八大报告指出，回首近代以来中国波澜壮阔的历史，展望中华民族充满希望的未来，我们得出一个坚定的结论——实现中华民族伟大复兴，必须坚定不移地走中国特色社会主义道路。要建立青年人对中国特色社会主义的道路自信、理论自信、制度自信，就必须要对他们进行马克思主义理论教育，特别是中国特色社会主义理论体系教育。

要提高青年人的创新能力。创新是推动民族进步和社会发展的不竭动力，培养青年人的创新能力是全社会的重要职责。但创新从来都是继承与发展的统一，它需要知识的积淀，需要理论素养的提升。马克思主义理论是人类社会最为重大的理论创新，系统地学习马克思主义理论有助于青年人创新能力的提升。

要培养青年人的远大志向。"一个民族只有拥有那些关注天空的人，这个民族才有希望。如果一个民族只是关心眼下脚下的事情，这个民族是没有未来的。"马克思主义是关注人类自由与解放的理论，是胸怀世界、关注人类的理论，青年人志存高远，奋发有为，应该学会用马克思主义理论武装自己，胸怀世界，关注人类。

正是基于以上几点考虑，我们编写了这套《马克思主义简明读本》系列丛书，以便更全面地展示马克思主义理论基础知识。希望青年朋友们通过学习，能够切实收到成效。

韩喜平
2013年8月

目　录

引　言 / 001

第一章　"封建主义"是什么 / 003

第一节　从"封建"说起 / 003
第二节　怎么理解封建主义 / 005

第二章　走近西方的封建主义 / 019

第一节　宗教神学——西方的封建主义思想 / 019
第二节　封君封臣——西方封建主义制度 / 025

第三章　走近中国的封建主义 / 034

第一节　根深蒂固——中国的封建主义思想 / 034
第二节　源远流长——中国封建主义制度 / 058

第三节　中国封建主义的文化实质和道德原则 / 060

第四章　封建主义残余在我国社会生活中的表现 / 066

第一节　封建主义残余在我国社会生活中的具体表现 / 067
第二节　封建主义残余在我国社会生活中蔓延的原因剖析 / 072
第三节　封建主义残余在我国社会生活中的危害分析 / 079

第五章　封建主义对中国现代化进程的影响 / 084

第一节　封建主义桎梏了近代中国资本主义的发展 / 084
第二节　封建主义是造成新中国社会主义建设重大挫折的重要因素 / 089
第三节　封建主义残余思想制约着当代中国现代化进程的顺利发展 / 097

第六章　思想文化视角的对策思考 / 101

第一节　在经济建设上要划清科学发展观与小生产意识的界限 / 102
第二节　在政治建设上要划清民主法治与封建宗法残余的界限 / 104
第三节　建设社会主义先进文化抵制腐朽封建主义思想的侵蚀 / 106

知识链接 / 109

引　言

　　什么是封建主义？这个问题看上去很容易，实际上是很难理解的。"封建"、"封建主义"等词汇在当今中国虽流传已久，然而其确切的内涵却很少有人能说得清。"封建主义"一词在西方是19世纪才出现的。在英文词典里，对feudalism（封建主义）的解释，主要是指西欧9世纪至15世纪的一种政治制度。今天，从其产生、发展和衰亡的历史来看，封建主义包含三个方面的含义：一是指封建专制制度，包括政治、经济制度在内的整个社会制度；二是指意识形态；三是指以封建主义思想为指导，为建立或复辟封建专制制度而进行的活动。三者之间相互联系又相互区别，不能等同和混淆。也可以说，封建主义在经济上代表的是地方保护主义和部门主义；在政治上代表的是专制主义和宗法制度；在思想上代表的是纲常伦理和宗法意识，以及社会生活中的各种落后、愚昧现象以及迷信思想和活动。包括制度、活动、思想三方面含义的封建主义，才能称之为完整意义上的封建主义。

随着时代的发展和社会的变革，封建主义的含义和内容也会因之发生变化。到了近代，封建主义不断受到冲击，它的内容日渐衰减。辛亥革命后，封建君主专制制度寿终正寝。新中国的创立则完全推翻了封建主义政治经济制度。所以，今天的封建主义已经不再是完整意义上的封建主义，它已经是封建主义的残余，这一残余主要是思想意识上的残余。即使是思想意识方面，它也不是完整的，它与原生态的封建主义思想意识已经有很大的差别。封建制度在中国的历史发展中创造出了灿烂的古代文明，也孕育了世界上最为根深蒂固的封建主义传统。及至近代，封建主义日益衰落，成为阻碍中国走向现代化的大敌，是中国迈向现代化道路的沉重包袱。因此，在建设社会主义思想文化、提高人们的认识觉悟时，就需要认清封建主义思想文化的本质和特征，充分了解自身思想存在的问题和不足，进而在生活和工作中最大限度地清除封建主义腐朽思想文化的残余，树立科学的人生观和价值观。

第一章 "封建主义"是什么

"封建"、"封建主义"等词汇在当今中国可谓流传已久：将秦代至清代2000多年的传统社会称为封建社会，将帝王称为封建帝王，制度当然也是封建制度。"封建"一词不仅流行于学界，而且也流行于民间，迷信是封建迷信，包办婚姻是封建婚姻，个人崇拜是封建遗留等。在欧洲，"封建社会"是前资本主义社会，西欧"封建社会"只经过几百年就孕育出近代文明，故西方学者至今仍在回顾和反思封建主义在中世纪的价值，反思中世纪与近代文明千丝万缕的关系。那么封建主义的概念和本质究竟是什么呢？下面就让我们走近封建主义，看一下究竟什么是封建主义。

第一节 从"封建"说起

"封建"一词，出自《尚书》和《左传》。"封"，就是分封；"建"就是建邦国。划分国土，建立诸侯及封君的小邦国，这是这个词本来的语义。其可溯源于西周时代分封制与宗法制的结合，封建就是个人不拥有资产，资产由最高层往下分封。而不同于今天我们所使用的封建、封建主义（feudalism）的概念，那是欧洲近代用语，最初见于中世纪的拉丁文书籍，严复在1901年翻译亚当·斯密《国民财富的性质和原因的研究》时将它译为"拂特"来解释封建的含义。那么欧洲近代用语中封建、封建主义的含义是什么呢？简单地说，封建主义（feudalism）是一种以土地占有权和人身依附关系为基础的关于权利和义务的社会制度，主要指中世纪西欧的政治制度、法律制度，具体是指封主与封臣的关系、封主封臣各自享有的权利和义务、土地的分封制度、等级分权制度、传统的法律习惯等。综合以上这两种解释我们可以发现，西方的封建、封建主义与中国古代的"封建"有很多相同的地方，主要就是最高统治者把土地、人民往下分封给大臣，与此同时作为义务大臣要向最高统治者交纳贡赋，或派兵随统治者打仗等，其实质就是一种权利与义务并存的契约关系。结合古代史的内容，我们就可以看出，我们所说的封建社会指秦、汉到明、清这2000多年的历史，与西方的封建、封建主义很少有相同的地方，而在中国历史上真正实行过封土建国制度的商、周时代那种所谓的"封建"制度，人们却不称其为封建制度，而称之为"奴隶制"。那么，从秦、汉到明、清这2000多年里的社会为什么被称为封建社会呢？主要原因就是欧洲中心论这一历史模式深深影响了20世纪的中国主流学派，而欧洲的"封土建领邑"也正是出现在希腊、罗马的奴隶制社会之后。因此，尽管中国的历史情况与欧洲模式完全不合，历史学家却宁可置概念的混乱于不顾，也要把早已不存在"封建制"的中国古代社会定名为"封建社会"——以便使之与西方语言中的"feudalism"（封建主义）一词相合。那么"封建社会"的定义到底是什么呢？学术界对中国是否存在封建主义社会是怎样讨论的呢？中国什么时候进入封建主义社会呢？总体说来，人们普遍认为可以用"西周封建说"、"战国封建说"、"秦汉封建说"等诸种说法来解释这一问题。

第二节　怎么理解封建主义

一、封建主义的由来

"封建"一词对于我们来说并不陌生，我们可以说，中国的封建制度产生于西周，无论我们对西周的封建制度如何解释，它都无疑是中国本身所固有的一种政治制度。西周封建制指的是在公元前1066年—公元前771年，周天子对同姓诸侯和异姓诸侯的分封，这种分封其实可以概括为授民授疆土，具体来说是一种等级分封，主要是指把土地和土地上的居民都分赐给受封者，还可以把土地和人民分封给下一级的卿大夫，通过这种手段，形成了统治者之间的多层等级连锁，他们彼此之间互有权利义务，主要是受地者要向赐地者纳贡并服役(包括兵役)。到了春秋战国之时(公元前722年—公元前221年)，这种制度变得很难维持下去。在中国被秦始皇统一以后，封建统治者开始废封建而置郡县。然而分封制度的结束，是不是就意味着中国封建制度就此完结？人们普遍地认为我们中国经历了2000多年的封建社会，这无疑是把中国古代的传统小农专制社会也看成了封建制社会。这样的想法对不对呢？当然我认为这样想是不恰当的，这是我们对中国封建社会的误解，把中国广大的一家一户、自给自足的小农生产方式当成了封建制的生产方式。近年来越来越多的学者们不认为中国在秦以后是封建社会，这种思潮的出现我认为是很自然的，有它的合理性。改革开放以来，我国的学者深知过去学术过分受政治束缚，现在获得了独立研究、发展的机会，当然应该提出自己的独立看法。过去关于历史发展的五种生产方式说，现在被认为是一种带有政治束缚的学说，所以应该摆脱。

封建主义在中国有其发展的源头，那么对西方来说，是不是也有这样的源头呢？回答当然是肯定的，正如我们上文所说，"feudalism" 源于拉丁语，它是指存在于中世纪欧洲的一种政治制度，是当时普通的人从垄断土地的贵族那里得到土地和生产生活资料，进行劳作和生活的一种分封式的社会政治制度。从历史渊源上说，封建制是在重大危险时期作为一种相互保障的制度而产生的。它在产生之初的表现方式为一个强有力的人与许多弱者联合起来，共同拥有和耕作一大片土地，大家共同保护生命和财产的安全。当然也存在这种情况，即教皇或君主把某一块土地赐封给领主。西欧的封建制度具有保护和服役两个主要特征，领主可以召集许多骑士作为保护者，农奴作为被保护者需要为领主提供劳役和租税。这样就形成了强者保护弱者、弱者服役于强者的社会形态。这种社会关系的主要基础是土地的占有权与使用权的分离以及农奴对领主的人身依附。然而值得关注的是，马克思曾从唯物史观的角度，考察了资本主义产生以前各形态向资本主义演化的机制，揭示了欧洲封建制度的本质及其内部结构的机制。

二、狭义封建主义概念

"狭义封建主义"这一概念，源于16世纪法国一批法学家对西欧中世纪一部法律文献《封土律》的研究，这部文献于12世纪—13世纪早期产生于伦巴德地区。法国的法学家正是从对封建法律的研究中概括出了封臣制、封土制概念，它们构成了狭义封建主义概念的核心。那么究竟怎么理解狭义的封建主义呢？西方现代史学领域持狭义封建主义概念的主要代表，是比利时学者冈绍夫，他的名著《封建主义》是研讨狭义封建制度的专著。冈绍夫给封建主义下的定义是，封建主义可以被视为这样一套制度：它们创立并规定了一种自由人（封臣）对另一种自由人（封君）的服从和服役（主要是军役）的义务，以及封君对其封臣的保护和供养的义务。就是说，构成这种封建主义基本内容的是两大要素，一是人身方面的，即封臣制；二是财产方面的，即封土制，或称采邑制。

狭义封建主义意味着封土制和封臣制的体系，也有些学者把这种封建主义称为封土封臣制。所谓封臣制，就是一个人臣服于另一个人并为其承担役务的制度。封臣就是说封君给臣子封位。封臣的主要义务是为封君服役，特别是服军役。封臣的主要权利是因服役而合法地占有采邑或由封君提供其他生计。那么封土制又是什么呢？封土制就是封君向封臣授予封土或称采邑（通常是授予一块土地）并允其终身占有的制度从法律上来说采邑只能终身占有，不能世袭，但事实上随着历史的发展，采邑后来演变成了世袭化的采邑。采邑或封土一般是地产，但也可以是各项公共权力。起初，这两种制度各自独立存在，后来两者紧密结合，融为一体，构成了封建制度的两个方面。冈绍夫强调，这种狭义的"封建"只是法律意义上的一套制度，也是"封建"一词的本来意义。

通过上面的分析我们得知西欧封建主义具有以下若干重要特点：

首先，封建主义只是自由人之间的制度。例如在加洛林王朝时期，封君封臣的关系逐渐具有了正规仪式，这就是封臣须向封君行臣服礼和效忠礼，这些行为带来了人身依附关系，也是封君封臣间的法律纽带。虽然历史文献在描述封臣对封君的义务时经常使用一些让人联想到奴役制度的词语，然而，无论封君的权威有多高，也无论封臣的出身和实际境况怎样，这些封臣在法律上仍是自由人，所以享有最基本的自由权，就是在公共法庭接受审判的权利。因而，这种封建主义是不同于农民依附于领主的另一种依附制度。

其次，封建主义在理论上被视为自由人之间自由缔结的契约，也就是封臣和封君之间的纽带。虽然在大多数情况里，很多人因种种原因在迫不得已的情况下，成为某人的封臣，然而封臣制的契约在理论上被视为双方自由缔结的契约。契约一旦缔结，一般情况下单方面不能废除，双方互相有权利与义务的关系。封君的主要义务是为封臣提供生计，通常是授予采邑；封君的主要权利是因向封臣提供采邑或其他生计，并合法地要求封臣服役。封君封臣双方的权利和义务互为一体，终身有效。

再次，封建主义在理论上一直是以人身依附关系为主要特征的一种制度。封建主义包括两大要素，即人身因素和财产因素。虽然历史发展的趋势是封建主义中的财产因素日益重要，但在理论上，人身因素一直重于财产因素。在墨洛温王朝时期，封建主义的两大要素都已出现，它们彼此相互独立，封君封臣关系的发生通常并不伴随采邑的分封，两者结合的事例还是极其少见的，也没有证据表明国王向其封臣授予采邑。正如波斯坦所说，狭义封建主义概念关注的中心在于军事役务，因此它不能为中世纪社会，或者说为任何社会的基本法则提供答案。只要它只关注契约原则，它就不能看到潜在的社会现实。并且，即使在法律和契约问题的狭隘范围内，它也必须得考虑法律形式的变迁和变化与社会需要之间的时滞差。

三、广义的封建主义

广义封建主义是指一种社会类型或社会形式，西方学者对此概念的贡献颇大。把封建社会或封建制度作为中世纪的代名词，或用封建一词标示一个时代、一种社会状态，是18世纪就已出现的用法，封建主义一词就正式产生于这个时代。它起初用于标示一种社会状态或历史阶段，后来逐渐代替了以往只是在法律意义上使用的封建概念。最早使用广义封建主义概念的人是法国的德布兰维利耶伯，他的议会历史文书在评价一种社会状态的意义时使用了封建政府和封建主义的概念。但使这种意义的"封建"得到广泛传播的是孟德斯鸠，他认为封建法律显然代表了一个特殊的历史阶段。布洛赫是20世纪西方学者中持广义封建主义概念最著名的代表之一，下面就让我们看看他是如何理解广义的封建主义的。

　　布洛赫认为封建主义是一种社会类型、社会结构、社会组织，并尝试对这种社会组织结构以及把它联为一体的各项原则进行剖析并做出阐释。广义的封建主义社会的内容是综合性的。布洛赫认为这种社会类型有如下特点：依附农民；附有役务的佃领地(即采邑)，而不是薪俸的广泛使用；薪俸是不可能实行的；专职武士等级的优越地位；将人与人联系起来的服从—保护关系(这种关系在武士等级内部实行，被称作"附庸关系"的特定形式)；必然导致混乱状态的权力分割。这些似乎就是欧洲封建主义的基本特征，这是布洛赫提供的综合性视角。由此我们可以看出，封建主义是用社会各方面的关系和特征构成的一种社会类型，它代替了以往自由人之间的法律关系。

　　布洛赫不仅把狭义封建主义概念看作一种依附关系，与此同时，他还把封臣制关系纽带看作最重要的依附关系。布洛赫也清楚地知道，社会下层的依附关系产生的历史比封臣制久远得多，并且在封臣制消亡后仍存在了很长时间，那么他为什么把社会下层的依附关系和封臣制共同作为封建主义的内容呢？在布洛赫的思想中，作为一种社会类型或社会结构的封建主义，是一种有机构成，而不是各种因素随机组合而成的拼盘。封建主义作为一种以特殊性质的人类关系为标志的社会组织，不仅表现在新制度的生成上，并且如同通过棱镜传播色彩一样，将其自身的色彩分给了它过去所接受的事物，并传播给了下一个时代。因此，虽然它们不符合中世纪社会的封臣制与封土制范畴的一些重要特征，但是它们作为封建社会的有机组成部分，染有封臣制和封土制这种社会棱镜的色彩。不仅社会下层的依附关系与狭义的封建制度之间的联系应作如是观，国家、家族等社会组织与狭义封建制度之间的关系，也应作如是观。

广义封建主义囊括了狭义封建主义的概念，同时扩大了后者的内容，尤其是把农民纳入到了中世纪人与人之间的服从—保护关系的范畴。西欧封建主义的一个基本特征就是存在广大的依附于领主的农民。其实，广义封建主义概念与狭义封建主义概念之间的关系，是联系多于区别的。虽然前者比后者更多地关注社会下层和经济社会内容，但是人与人之间的法律关系仍是这种广义封建主义观的一个基本出发点。反对布洛赫的学者没有看到，布洛赫的方法是将封建主义当成了帮助分析问题的符号标签，而非刻意地追求所谓语义上的精确性。布洛赫明确指出，依附于他人的人并非仅见于以军事效忠制为典型特征的上层社会。可以说，广义封建主义概念与狭义封建主义概念之间最大的区别正是在这里。

作为年鉴学派的奠基人之一，布洛赫积极提倡总体史观，高度重视经济社会史和观念心态史。以他的观点来看，经济、社会、政治、观念和心态，共同组成了西欧中世纪这样一种特定的社会类型或社会结构，换一种说法，这种特定的社会类型的一些特征，会表现在社会生活的各个领域。在他看来，这也就是西欧中世纪的社会结构。进一步说，封建主义是一种人身依附关系，即一个人对另一个人的从属。把中世纪各方面联为一个有机整体，使之成为具有内在关联的社会结构，这是布洛赫封建主义观中的一条重要的线索。布洛赫曾指出，在关于封建主义的词汇中，任何词汇都不会比"从属于他人之人"这个词的使用范围更广、意义更广泛。布洛赫跳出了封臣制的框架，注意到所谓一个人对另一个的从属并非仅限于贵族阶级之间。人们的社会等级不同，因此人身依附关系的法律性质也就不同，但依附关系的存在却是普遍的。这种人际关系的原则渗透到了整个社会生活当中，而且它的表现形式多种多样，有时还有各种各样的过渡形式。

综合上面的论述，我们可以把布洛赫广义封建主义概念的内涵完整地表述如下：封建主义是以封臣制关系纽带为主线、以这种人身依附关系为标志的一种社会类型、社会结构、社会组织。布洛赫认为封建主义这个概念，即使在看来有充分理由采用它的时候，也是一种不恰当的选择。以目前的用法，封建主义和封建社会涵盖了一套复杂的观念。有时人们会对封建主义一词作出极不相同、几近对立的解释。与此同时，他又指出，这个词语的存在本身就表明，人们已经本能地承认了这个词语所表示的这个阶段的独特性质。因此，假如史学家仅仅把封建主义看作现代用法上认可的标志,用其来标明他仍须解释的事物,那么他不必有任何担心。

四、马克思主义的封建主义概念

马克思主义的封建概念的最显著的标志是将所有制形式、生产方式、社会形态作为自己的表现方式。它有广义与狭义之分,广义的封建主义概念来源于列宁,马克思的解释代表了狭义封建主义,即把封建主义理解为一种以等级制为基础的所有制形式、一种对抗性的生产方式和一种演进的社会形态。马克思主义的封建概念强调阶级对抗性与土地所有制,强调一种封建的人身依附关系。

在马克思的笔下,采邑制与农奴制构成了马克思主义的封建主义概念。什么是采邑呢?采邑就是以等级制为基础的贵族土地所有制,农奴制则是一种人身依附关系,贵族依靠土地把农奴束缚在土地上,掌握了农奴的人身自由。土地为贵族所占有是西方封建制度的核心。它与东方的封建制度比较起来存在着很大的不同,东方的封建土地制度的一个重要特征就是允许把土地出租给农民,这样的土地关系允许农民有一定的人身自由。而农奴制则不同,农奴受贵族的直接统治,本身不掌握生产资料,生产的所有成果为贵族所有。也正是基于此,印度在莫卧儿帝国时期,军功田的授予使自由人变成了依附人。马克思说道,这一点仅仅对于领受了第二类或第三类军功田(其目的在于以固定的收入给穆斯林军官作报酬）的伊斯兰教徒才有意义，而对于印度教徒至多在下述程度上才有意义：他们不是向国库，而是向由国库授予权利的人缴纳实物税或货币税。纳地亩税并没有把他们的财产变为封建财产，正如法国的地亩税不曾把法国的地产变为封建地产一样。

马克思曾有如下论断——封建制度是中世纪的生产和交往关系的政治形式。英格兰和那不勒斯在被诺曼人征服之后，获得了最完善的封建组织形式；根据印度的法律，统治者的权力不得在诸子中分配。这样一来，欧洲封建主义的主要源泉之一便被堵塞了。莫卧儿帝国时期的印度与西欧封建主义的一个重要差别，在于在莫卧儿帝国，特别是在民法方面没有世袭司法权。马克思这种定义是某种意义上的基于经济的定义，有别于从前的以生产方式来定义"封建"概念的做法。在马克思看来封建主义与封建君主制是可以并举的，但是专制君主制与封建制度是对立的。马克思为什么认为封建君主制与封建制度是对立的呢？在他看来，封建君主制只是一种国家形式，并不具有意识形态意义。在资本主义社会也存在着君主专制，君主专制在资本主义的发展过程中起着非常大的作用。马克思对于封建主义的定义与传统的欧洲学者有很大的不同，其他学者的定义是基于政治法律意义上的，而马克思的定义则是基于经济意义的。在马克思看来，封建主义作为一种意识形态必然是基于一定的经济基础所产生的，必然与土地所有制相联系，其中的人身依附关系必然成为封建主义的理论内核。从这种意义上,封建主义开始突破了以前的政治法律框架。

要理解马克思的封建主义,首先就必须理解农奴制和人身依附关系,否则我们将无从理解,甚至会回到以政治法律为基础来阐述封建主义的老路,这是我们一定要避免的。在马克思看来,理解封建主义必须要以西方中世纪的农奴制为研究对象,因为整个欧洲的中世纪社会都是以农奴制为基础的。这种以农奴制为基础的人身依附关系渗透到了欧洲封建社会的各个领域。在马克思看来,经济基础决定上层建筑,贵族土地所有制决定了以农奴制为基础的封建主义。封建主义是一种上层建筑,是一种政治法律形态,属于一种抽象的范畴。

虽然正是由于它们的抽象而适用于一切时代,但是就这个抽象的规定性本身来说,它们只有与别的条件相适应才能得到验证。按照马克思关于前资本主义社会形态的理论,上层建筑必然会参与资本主义生产要素的建构,这就使得资本主义生产方式以超经济强制为最根本的特征。马克思认为经济基础与上层建筑是相互影响、相互依赖的,虽然一些非经济因素可以导致公社解体和产生人身依附关系,但最重要的还是经济因素,还是小农土地所有制,这是农奴制产生的最根本的基础。在前资本主义时代,上层建筑与经济基础互为反作用,但是两种反作用是不同的,我们不能把它们等量齐观。在前资本主义时代中,由于存在大量的小生产,生产者还没能完全独立,仍然存在一定的人身依附关系，因此这个时代的上层建筑对经济基础的反作用与资本主义时期相比就大得多。在马克思看来，中世纪的人身依附关系对生产起着决定性的反作用。即使如此，马克思仍然强调的是人身依附对经济的反作用，这说明马克思并没有在逻辑上把经济基础与上层建筑等同起来。

马克思在《路易斯·亨·摩尔根<古代社会>一书摘要》中曾指出，农奴制从一开始就与在田野耕作的劳役有关的。在维伊查苏利奇的复信草稿中，他又把小农土地所有制作为公社解体和农奴等动产积累的基础。田野耕作的劳役和小农土地所有制这些因素，显然不能仅限于西欧的范围来理解。恩格斯在1882年12月22日给马克思的信中说道："关于农奴制的历史，照实业界人士的说法，我们达成协议了。农奴制和人身依附关系并不是中世纪欧洲所特有的生产关系，我们在其他地方也可以经常看到。"与马克思不同，列宁是用生产方式和社会形态来解释封建主义的。但由于历史背景的不同，西欧采邑制和农奴制的历史模式已经消失，列宁的著作中封建主义的含义和使用范围被显著扩大了。列宁的封建主义概念的核心含义，是土地所有者和土地所有制对小农的地租剥削。他把剥削视为封建残余，因为在他那个时代，资本主义已经产生，虽然存在封建因素，但不占主流。

封建专制制度、封建专制的势力这两个概念同时也被列宁经常使用，列宁把俄国农奴制的生产方式看作封建的生产方式。同时，中国当时的压迫剥削制度在他看来也是封建制度。因为他们都以农业和自然经济为主，统治阶级通过这种把中国农民束缚在土地上的手段，限制了农民的人身自由，成了他们的最牢固的统治基础，整个封建王朝就是他们的政治代表，皇帝是整个封建制度的最顶端，是最大的封建主。列宁在《民族和殖民地问题提纲（初稿）》中又提出，必须特别援助落后国家中反对地主、反对不公平的土地所有制、反对各种封建主义现象或封建主义残余的农民运动。这说明，列宁所说的封建制度包括了前资本主义时代东方各国的以地租剥削为主要特征的压迫农民的社会制度。列宁的广义封建主义理论对20世纪的马克思主义学者，特别是前苏联和中国的马克思主义学者产生了深远的影响。对他们来说，认识封建制度必须以列宁的理论为基础。也有学者对列宁的封建主义理论提出了严厉的批评，他们更认可马克思的封建主义概念，这其中包括安德森。

马克思与列宁的封建主义概念存在着怎样的区别呢？事实上，马克思与列宁的封建主义概念之间并无实质性差异。封建主义的生产方式、土地所有制和地主对农民的役使和剥削，是马克思定义的理论核心，列宁的封建主义概念则继承了马克思封建概念的主要思想。当然，马克思对封建主义的阐述深受西方学界的影响，而列宁则很少。但是马克思赋予了封建主义经济意义，在逻辑上他与西方学界已经很不同了。

第二章 走近西方的封建主义

我们现如今所说的封建主义其实最早是源于西欧的，西方的封建主义学说不但对中国，甚至对整个世界都有着不可磨灭的历史性作用。那么究竟什么是西方的封建主义社会呢？它是不是也如中国封建主义社会有儒家思想为主导一样，有着自己独特的思想精髓呢？是不是也有西方社会独特的封建主义制度呢？下面就让我们带着这样的疑问，一起来探索西方封建主义的奥秘吧。

第一节 宗教神学——西方的封建主义思想

一、西方封建思想的由来

据有关资料记载，最早使用"封建"字眼的是16世纪的法国法学家们，他们当时是用"封建"来指称这种正在消失或完全消失的制度的。然而在封建制度盛行的时期，没有人曾经用过"封建"的字样。封建制度来自法语，是法国大革命期间所产生的词。此词贬义色彩浓厚，据说是用来形容任何不公或过时的法令，这些法令或习俗大部分都与欧洲中世纪采邑制有关联。英国小说家在其作品《汉弗雷克林可》中嘲弄此词："每个政策、习俗、甚至性格的古怪之处都可追溯至此（封建）源头……我预计可以看到男用短裤及麦酒都会在很大程度上受到封建制度的影响。"

封建社会中往往存在着明显的阶级制度，如中国的宗法制、西欧的教主—国王—领主—爵士制，这就形成了以封建统治者为中心的金字塔式的统治架构，但是他们之间的关系并不是十分完善的。例如，通常领主分封的爵士不会再对国王效忠，也因此有了一句名言："我的附庸的附庸，不是我的附庸。"然而这种统治结构能够长期保存下来，要归因于封建社会的思想观念：通常以君主拥有至高无上的权力为主干，再融入一些有利于统治阶级的思想而形成。

二、封建伦理道德观念

如果按照欧洲中世纪教会所规定的标准，一个完美的人应具备"七德"，即信仰、希望、神爱、正义（公正）、勇敢、节制（自制）、审慎。事实上，人们的行为准则在很大程度上与这些道德标准是一致的，就像把良心、荣誉作为个人行为的道德准则和为人处事的行为准则。正是这些伦理道德观念渗透到了人们的血液和头脑中,从而使他们在采取重大决定前必须首先通过自己"良心"和"荣誉"的检验,然后才能去从事自己的社会活动。

西方国家的起源有着自己独特的方式,即打破血缘关系,以地域关系来形成阶级国家,所以说,家族关系的地位是仅次于个人和群体的关系的。西方国家的关系发展到近代时,资产阶级金钱至上的思想观念渗透到了社会关系领域,包括家庭关系中,人与人之间的关系变成了赤裸裸的金钱交易关系。相应地,以亲缘关系为基础的家庭伦理在这时下降到了次要的地位。在这种情况下,资本主义社会较早推行公平、效率这一原则,也得益于这种伦理关系的调节。反观中国,由于伦理关系在社会中已经根深蒂固,所以直到现在才提倡这一原则。西方社会则强调个人、个性、个体的权利和利益,并宣扬人人平等,也推崇民主体制,也就是人民对统治者不存在绝对服从的现象。

三、中世纪的荣誉精神

中世纪的骑士精神在欧洲封建社会思想体系中占有重要的地位,荣誉精神是中世纪骑士精神的一个非常重要的组成部分,它几乎涉及到当时人们所尊奉的一切美德。例如人的出身、地位、教养、诚信、贞洁等。对于封建贵族来说,保持荣誉就是维护等级资格,也是维护个人和家族尊严的内在动力。欧洲中世纪的职业战士会去建立某种形式的组织，他们可以相互帮助，维护共同利益。出于这种密切团结的需要，骑士制度及骑士精神便从此产生了。这种精神在很大程度上改进了那个时代的野蛮习俗，使社会生活变得比以前稍微文明了一些。但要想教化和开导粗野的边疆居民，这并非是件容易的事。因为他们大部分的时间在战场上与敌人作战，挣扎在"不是你死就是我亡"的残酷环境中。作为基督教的信徒，他们对自己的堕落行为深深感到忏悔和自责。他们每天早晨发誓要从善，以便得到上帝的宽恕和原谅。可没等到太阳落山，他们便会把早上的诺言抛到脑后，一口气杀光所有的俘虏。不过进步是来自于缓慢而坚持不懈的努力。最终，连最野蛮的骑士都遵守了他们所属"阶层"的准则和条例，否则就要受到严厉的惩罚。

　　这些骑士准则或骑士精神在欧洲各地不尽相同，但它们无一例外地强调"服从精神"和"尽忠职守"。在中世纪的欧洲，"服从"被视为非常高贵的品德。在社会生活中，做仆人并无任何丢脸之处，只要你是一个好仆人、对工作勤勤恳恳，就会受到应有的表扬。至于忠诚，在一个必须忠实履行职责才能维持正常生活的年代，它便会成为骑士们最重要的品德。因此，一个人加入骑士阶层之初就会起誓，宣称他将永远做上帝忠实的仆人，同时也将一生效力于他的国王。此外，他还会允诺向那些比自己更穷苦的人们慷慨解囊，发誓要行为谦卑，言辞适当，永不夸耀自己的功绩，将与所有的受苦大众做朋友。

究其实质来看，这些誓词不过是把十诫的内容，以中世纪人民能够理解的语言通俗化地表达出来。围绕着它们，骑士们还发展出了一套关于礼貌和行为举止的复杂礼仪。中世纪的骑士以亚瑟王的圆桌武士和查理曼大帝的宫廷贵族为榜样，期望自己像朗斯洛特一样勇敢，像罗兰伯爵一样忠诚。不管他们衣着多么简朴，不管他们是不是囊中羞涩，腹中空空，他们总是态度严谨、言语优雅、行为有节，时刻保持着骑士的声誉。例如尊贵的堂吉诃德先生去世以后，曾伴他相依为命、勇闯天涯的盔甲和宝剑被相继拍卖，以抵偿他留下的个人债务，他的宝剑后来被许多人使用过。在福奇谷的严冬里，华盛顿将军佩带过它；在喀土穆被包围的绝望日子里，戈登将军拒绝抛弃把生命托付给他的人民，勇敢地等待着死亡的命运，据说，当时这把宝剑是他唯一剩下的武器。

四、宗教神学观念

基督教对西欧社会生活的影响是十分巨大的，它在欧洲封建社会的政治生活中起着十分重要的作用，它是中世纪西欧封建制度的精神支柱和思想源泉。教会条例对英国社会的影响日趋增大，它强调人的个体价值和自我表现的重要性，宣扬人性的平等和自由，要求清理和整顿教会，反对教会神权。这样反映在文学领域就有莎士比亚的戏剧的产生和发展了。尽管在他的戏剧中，由于时代的世俗气氛和宗教观念的影响，使他能够较为自由地理解和注释一些基督教的教义，但在很大程度上，他的思想中仍然保留和存在着许多宗教神学思想的偏见和不足。其中最为重要的就是关于灵魂问题，按照基督教教义，只有贞洁无罪的信徒死后才可以升天，而犯有这样或那样罪孽的人死后将入地狱受罚受难。但事实上，基督教鼓动人们把自己复仇的思想转化为复仇的行动，那样就必须杀人流血，而这种残暴的罪行是与基督教"爱人如己"的宽容精神是根本不相容的。

思想演变在历史上是清晰可见的。例如从"末世论"发展到"救赎说"，是基督教成为一种独立的世界性宗教的重大标志。灵魂在基督教神学观念中具有极为特殊的意义。神学认为灵魂是人与上帝之间的一种中介和连接点，灵魂代表着上帝的意图和目的，上帝是真、善、美的化身，而灵魂又是以上帝的准则来行事的，所以灵魂就体现了上帝所倡导的真、善、美的特性，它是善意和美的体现与化身，神圣而不可侵犯。基督教文化也呈现为一种无法克服的、痛苦的自我分裂与矛盾。美与丑、善与恶、真挚与虚伪、崇高理想与世俗贪念，在基督教文化中以一种令人震惊的野蛮方式融为一体，其结果就导致了伪善的普遍存在，神性与人性之间的这种尖锐矛盾所导致的巨大痛苦加剧了人间的灾难。由于基督教会是凌驾于一切分散世俗权力的团体之上的唯一的社会性组织，基督教会本身固有的这种深刻的内在不和谐及其所导致的普遍虚伪，必定会对整个西欧社会产生重大的负面影响，也从根本上造成了欧洲严重的文化危机。

第二节　封君封臣——西方封建主义制度

在史学界，西方的大多数历史学家仍然把封建当作中世纪西欧的一种特殊的政治法律制度，他们强调封建主义包括三方面的内容：第一是这种制度特有的封君封臣关系；第二是与封君封臣关系相适应的封土制度；第三是国家权力衰落，各封建君主在其领地内取得了独立的行政司法权力。正是由于强调封建主义的这一特殊性，才使封建主义的普遍性，在一些人那里成了相当大的问题。

西欧的封建社会，不应截止于17世纪，而应该截止于18世纪。现在人们往往认为是哥伦布使东西方连成了一片，使资本主义在西方冉冉升起，进而带来了资本主义萌芽的产生、文艺复兴的兴起、宗教改革的盛行。其实西欧的进步远没有这么迅速，直到工业革命以前，西欧主体仍是一个落后的农业社会。17世纪西欧发生了严重的经济危机，人口减少，疾疫流行，农业停滞甚至出现倒退，工商业在某些地方也出现了危机。在政治方面，封建统治则日益昌盛。史料记载，19世纪中期托克维尔写成的《旧制度和大革命》，认为18世纪的欧洲，封建特权在各地盛行，教会的、贵族的各种司法、行政权力，对人民形成了沉重的剥削和压迫，欧洲平民过着水深火热的生活。相反，革命的作用却是不明显的，英国虽然出现了反抗，但恩格斯说，在1688年政变之后，英国资产阶级并没有真正掌握国家的政权，占统治地位的依然是封建贵族。

至于东欧，16世纪—18世纪是封建统治的时代，这一点毋庸置疑。这并非什么新观点。法国史学家、中古史权威勒高夫曾写了一本书，名曰《主张一个扩大的中世纪》，论证西欧中世纪应该延长。他的理由大致是，文艺复兴不能算是中世纪和近代的分界线，从古代到近代中间有多次文艺复兴。如8、9世纪之交的加洛林文艺复兴、12世纪的文艺复兴，还有后来几次小规模的文艺复兴。欧洲的基本社会结构，从4世纪到19世纪一直未发生大的变化。就拿马克思所说的封建生产方式来说，从罗马灭亡直到工业革命期间，它一直存在。其他的领域还有许多这样的现象，例如，基督教在意识形态中的统治，一直延长到19世纪；法国直到18世纪，还把社会划分为教士、贵族、第三等级这三个等级，法国大革命之后才废除这种等级制度。如果拿一个扩大的中世纪、较长的西欧封建社会来和东方封建社会来比较，则我们会看到，在主要方面它们是相同的，是可以进行比较的。经济方面，农业是主要的生产部门，以人力、畜力为主要耕作动力，也有简单的机械，工商业有相当大的发展，而且发展得越来越快，说封建时代是自然经济的统治，可能并非事实。在生产关系方面，则普遍是大土地所有制和小土地私有制的结合。在政治方面，在封建时代，无论中国还是西方，国家的政治形态主要是君主制的统治，其发展的趋向也是君主的力量越来越强大，官僚机构越来越健全。分裂割据的势力有时可能会出现，但不能因此就说封建国家是主权分割的国家。

欧洲封建制度有它自身的结构和特征，但这些特征与中国秦汉以后集权专制社会有很大的不同。欧洲的封建制度为后来资本主义生产方式的产生提供了契机和条件，而中国的集权专制社会就不存在这种契机，致使资本主义生产方式不在中国出现。

欧洲封建制度的第一个结构特点是以庄园为核心的土地所有制形式，每个采邑下的土地大都可以分为三个部分：领主的保有地、农奴的份地和公用地。领主的保有地也是领主的自营地，由管家直接组织农奴耕作和生产，直接供养领主家庭之需；份地由农奴或佃农自己耕种，但必须对领主负担劳役和地租，份地的经营权掌握在农奴自己手中；公用地一般指草场、沼泽、荒地和森林等。

欧洲封建制度的第二个结构特点是世袭性和人身依附性。封建采邑内土地所有权都归领主所有，领主的身份是世袭的，农奴或佃农的身份也是世袭的，与领主的关系也是世袭的，农奴或佃农在采邑内对相应份地的使用权不能被剥夺，对土地的使用权也是世袭的，土地不能自由买卖。领主、农奴和佃农之间的关系一般由契约明确规定下来，农奴和佃农向领主提供赋税和劳役，领主为农奴和佃农提供保护，领主的武装是他所召集的骑士组成的，一个领主所能召集骑士的数量是一个领主的权力和威望的标志。农奴和佃农是不自由的，他们必须依附于领主。每个庄园不但是一个司法单位，同时也是一个宗教单位，领主在自己的领地内设有教堂并指派牧师，这就是许多乡村教区的起源，直至今日我们还能看到这种教区界限的痕迹。领主的权威大部分是基于他对臣民所具有的酋长的特质，而不完全是基于作为土地所有者的特质。庄园采邑不仅是一种经济组织，还是一个社会政治组织，它体现了人际关系和社会交往的特征。这与秦汉以后的中国古代社会结构是截然不同的。

　　欧洲封建制的第三个而且是最重要的结构性特点，是主权的封建化产生了中世纪的城市。领主庄园内的生产不是社会性的商品生产，不是为了出售，主要是为了满足庄园内部的需要，是一种自给自足的自然农业经济。然而欧洲商品生产是产生在封建社会的城市中，欧洲封建制由于权力的分散和政权的分裂，而导致了城市中商品生产的出现和发展。产生于城市中的商业和制造业，都带有自治性质，它是脱离贵族、教会和军事的自治性团体，具有较大的生产、生活的独立性。我们知道，制造业需要大量出卖劳动力的工人，而商业和海外贸易的发展又推动了制造业的发展，这就使手工作坊发展成了以分工协作为主要特征的手工工场，社会上开始出现了以出卖劳动力为主的工薪阶层，它不断吸收逃亡的农奴和平民，进而使欧洲封建制结构中的城市里产生了商品经济的萌芽，瓦解了带有封建生产方式性质的庄园经济。有许多地方是通过法律来解除封建契约的，这些法律规定，只要逃离采邑并在城中居住一年零一天以上就可以成为自由人。英国则通过圈地运动自觉地化解了封建生产方式，打碎了封建枷锁，迎来了新的曙光。在欧洲封建结构中，城市和农村形成了强有力的对立，即城市商品经济、自由贸易与采邑自然农业经济的对立，这种对立为后来资本主义生产方式的产生提供了前提性条件。

欧洲封建制度的第四个结构性特点是政治权力逐步分层下放，欧洲中世纪封建时代的君主是其封臣的一个封建宗主，彼此之间以互惠的忠诚为纽带而结合在一起，经济收入主要来源于个人领地。就整体而言，欧洲的封建君主与人民没有直接的政治接触，封建君主在很大程度上只是一个傀儡领袖，没有实际的权力，这与中国至高无上的皇帝完全是两个概念。主权的分裂往往会把教会纳入到国家机器中，使其成为封建政治实体中突出的自治机构和维护封建统治的工具。教会作为宗教的权威，会对人的信仰和价值观产生巨大的影响。这一状况所带来的社会后果，是政权与宗教权力之间经常发生冲突，造成了封建统治合法性在结构上的断裂。

伟大的学者布洛赫享有世界性的盛名，他是广受人们信赖的历史学家。其名著《封建社会》，是研究西欧封建制的一部综合性巨著，于1939年—1940年出版，最初以法文版形式问世，20年后被译为英文版，著名经济史学家波斯坦在"序"中称赞它是论述西欧封建主义的"国际水准的著作"。20年后，该书英文版第9次重印，另一位著名史学家布朗在序言中，仍然热情洋溢地肯定这部书的历史功绩，称之为研究西欧中世纪社会的奠基之作。他在该著的最后一章即第三十二章"作为一种社会类型的封建制"中，专门用一节分析"欧洲封建制的基本特征"，虽然篇幅不长，却是全书的精华所在，可作为探讨西欧封建制的主要参考点。布洛赫在描述封建制基本特征时，第一句话就是，"要知道西欧封建制是什么，最简易的方法是从什么不是封建制社会说起"。他进一步解释了这个观点，其一，它不同于建立在血族关系基础之上的社会。虽然它留有血缘关系的印记，例如其个人从属关系仍保留着原始亲兵制中准家族的相关成分，但该社会并不只是依赖血缘关系，布洛赫颇为肯定地指出："更确切地说，严格意义上的封建关系纽带正是在血族关系不能发挥有效作用的时候才发展起来的。"例如，封建君主被人俘虏了，臣子们要帮助缴纳赎金。封建君主要巡游臣子的辖地，封建臣子有义务款待和侍奉。当然，这些事在协议中早有规定，包括臣子一年款待君主的次数，君主在臣子领地一次停留的时间长短。协议中甚至规定了君主随从人员和马匹的数量，以及伙食的标准等。封建君主对封建臣子也有相应的义务，一是提供保护，二是提供土地。这里有互惠关系，有人身依附关系，却几乎没有血缘关系。其二，推行封建制的国家不是统一的、强有力的国家。布洛赫说："尽管凌驾于众多小权力之上的公共权力的观念仍持续存在，但封建主义同国家的极度衰弱，特别是同国家保护能力的衰弱同时发生的。"随着蛮族入侵和蛮族国家的建立，大约公元1000年前后，西欧社会出现了以地方权力为中心的历史现象，具体表现为公共权力的崩溃和领主专权的形成，这一现象被称为"封建革命"，从而导致了所谓"封建无政府状态"。实际上，无数大小领主们在行使政治权力时，他们在各自的领地都是公法和私法的统一执行者。这种状况产生于混乱无序的年代，是无序中的有序。封建主义就其政治组织形式和内容而言，权力显然是分散的，尚未真正集中起来，正如严复所说，"用拂特之制，民往往知有主而不必知有王"，这就充分反映了封建统治的社会现状。

西欧的封建主义中也包含了庄园制。正因为没有一个经过高度整合的行政、司法体系，也没有一支常备军，所以国王不是高高在上的专制君主，他与诸侯是封君与封臣的关系，因为共同的利益而结合在一起。国王的经济来源实际上全部来自他作为领主的个人庄园，他也只生活在自己的庄园里，这就是所谓"国王靠自己生活"。他只要求臣子们在发生战事时，能及时地、全副武装地赶到自己的身边。真正严整的社会秩序只存在于领地内部，而对于一个个领地或庄园的主人，即贵族及骑士来说，没有一个外在的强大力量来控制和管理他们，他们之间在经济上也没有多少往来。采邑制度既是经济制度，也是政治制度，从这个意义上布洛赫相当肯定地说，"封建主义即庄园制度，这种认识可追溯到很久以前"。他和其他史学家都认为feudalism一词是由通俗拉丁语 feodum（采邑）演化而来。feudalism这个新词从本意上讲仅仅适用于采邑制及其相关的事物，而与其他东西是无关的。

当法国大革命时期，人们宣布要消灭封建主义时，他们首先想要攻击的便是庄园制度，因为这种制度是阻碍资产阶级前进的巨大障碍。西欧的庄园制，是按照领主附庸关系而建立起来的，以解决他们因罗马帝国灭亡后共同面临的安全问题，而不是某一血族的安全问题，所以不以血缘关系来维系，或者基本不依靠血缘关系。西欧庄园主在自己的领地中享有独立的行政、司法与经济特权，王室官吏不得干预他们的领地，甚至国王本人未经允许都不得随意进入。西周的"封邦建国"与西欧庄园制有些相似，但是二者也有不同。如果说西周封建制表面上与欧洲的封建制还有几分相似的话，秦代以后的社会制度连这一点相似也不存在了。在8世纪的拜占庭帝国反贵族运动之后，罗马时期统一的行政管理传统保留了下来，为获得一支中央政府直接支配的强大军队，产生了为国家提供军事义务的佃农。此后，帝国政府最关注的事情是保护这些"士兵的财产"和一般的小土地者不受豪强的侵犯。然而，11世纪晚期经常出现的情况是，陷于债务困境的农民难以保持其独立性，同时帝国受到内部纷争的干扰，不能够再对自由农民提供有效的保护，没有武士等级的拜占庭帝国于是渐渐丧失了与采邑制相关的军事和财政资源。

第三章　走近中国的封建主义

"封建"、"封建主义"等词汇常常被视为带有贬义色彩的词汇和概念,而且似乎还是只存在于中国的贬义名词和概念。而今,"封建主义"作为压在旧中国人民头上的三座大山之一早已被推翻,现实社会已经很少看到真正属于封建主义的统治行为和精神桎梏了。我们了解了西方的封建主义,那么中国的封建主义是什么样子的呢?那就让我们一起来走近了解吧。

第一节　根深蒂固——中国的封建主义思想

封建主义在我国有着悠久的历史,封建主义思想是基于封建的经济关系和政治制度而产生,并为它们服务的一种思想体系。其基本内容是等级观念、特权思想和伦理道德,比如"三纲五常"(君为臣纲、父为子纲、夫为妻纲,仁义礼智信)、"三从四德"（未嫁从父、既嫁从夫、夫亡从子，妇德、妇言、妇容、妇功）等。我国封建主义思想意识经过长期的演变和发展，形成了一个完整的体系，主要表现祖先崇拜、等级观念、特权思想、小农意识、封建婚姻意识等方面。

一、祖先崇拜

祖先崇拜是指一种宗教习惯，即崇拜者认为死去的祖先的灵魂仍然存在，仍然会影响到现世存活的人，并且对子孙的生存状态有影响而形成的一种精神信仰。崇拜者进行祖宗崇拜的目的是相信去世的祖先会继续保佑自己的后代，会给子孙带来好运。在不同文化地域中，祖先崇拜和神灵崇拜不太一样，崇拜神灵是希望祈求一些好处，崇拜祖先一般只是表达亲情观念。

祖先崇拜，是在母系氏族社会向父系氏族社会的发展过程中建立起来的，即在亲缘意识中衍化出对本族始祖先人的敬拜思想。最初始于原始人对同族死者的某种追思和怀念。随着社会的发展，父权制得以确立，原始家庭制度趋于明朗、稳定和完善，人们逐渐有了其父系前辈长者的灵魂可以保佑本族成员、赐福儿孙后代的观念，并产生了祭拜其祖宗的宗教活动，从此才形成了严格意义上的祖先崇拜。其崇拜行为的特点，首先是将本族的祖先神化并对之祭拜，具有本族认同性和异族排斥性。其次是相信其祖先神灵具有超凡的威力，会保佑后代族人并与之沟通互感。

最后超越了原始图腾崇拜和生殖崇拜的认识局限，不再用动植物等图腾象征或生殖象征作为其氏族部落的标志，而是用其氏族祖先的名字加以取代，由此使古代宗教从自然崇拜过渡到了人文崇拜。祖先崇拜因此在中国封建社会的宗教传统中就显得尤为突出。

通常中国人对祖先的崇拜表现在定时扫墓、祭拜，在逝者下葬时，准备许多日常生活应用物品纸样，一同将其烧毁，如同送先人到另一个世界生活一样，并定时烧纸，甚至在不同季节送不同衣物的纸样烧毁。在中国历史上，祖先崇拜是各族人民生活中一种强烈信仰，这也是宗族结合的精神支柱。祖先崇拜与图腾崇拜不同，图腾崇拜的对象主要是动植物，祖先崇拜的对象主要是有功绩的远祖或血缘关系密切的近几代祖先。所以说，祖先崇拜也叫灵魂崇拜，是原始社会灵魂观念进一步发展而出现的一种对死者灵魂加以崇拜的宗教行为。它通常包括鬼魂观念和崇拜仪式两个方面的内容。对原始人来说，在活人身体内存在的，而在死后又离开的东西，就是灵魂。自古以来，中国就有着复杂的鬼魂观念，一般有以下两种：第一种是人死后魂魄一起离开肉体变成鬼；第二种是魂魄随肉体消失，魂能变成鬼，魂是人的精神活动的延续。人死后，灵魂所变的鬼会具有非凡的能力和作用，精魂能附于某些自然物，可以决定人的命运。

二、等级观念

等级思想是指在中国传统哲学中，围绕着社会等级秩序关系所形成的各种理论以及不同的思想观点和见解。等级思想反映了中国小农社会的基本特点。在我国历史上的社会关系结构中，存在着纵向的"君臣父子"与横向的"士农工商"两个基本等级序列，每个人在等级序列中的地位不同，就决定了其贵贱高低的差别。等级思想围绕着等级的维护、限制以及道德要求而展开，例如孔子将等级思想系统化，提出了"君臣父子"的理论，后来这种等级思想在各家各派的学说中和现实中不断地被丰富和完善，逐渐成了传统文化中哲学价值体系的重要组成部分，并且对后世产生了深远而巨大的影响。

自从有了人类社会，在某种程度上就有了等级，社会是人们以共同的物质生产活动为基础而结成的总体集合，是人们交互作用、影响的产物。由于每个人在社会交互作用中的地位不同，就决定了人与人之间必然存在着差别，等级就体现了这种地位不同的差别。一般人们所指的等级是指在社会地位上和法律地位上不平等的社会集团，而往往忽视了"等级"概念的广义性，它也包括了在社会中根据个人能力、年龄及阅历的不同而出现的社会地位差别。等级与阶级不同，阶级的差别主要体现在经济和政治方面，除了经济和政治因素，社会中每个人的能力不同，也必然会表现出等级不同的差别。因此,在阶级没有形成的时候,等级就先出现了,体现在分工管理之中,在阶级形成之后,等级便具有了经济和政治的色彩。但这时的等级与阶级仍然还是有区别的,因为同一个阶级或阶层中存在着不同的等级。当人们提到等级时,也往往与官僚体制联系在一起,因为官僚制度往往表现为严格的等级序列,这是从组织的角度而言。实际上等级也普遍存在于非正式组织之中,例如在广大农村中同样都是农民,但由于辈分、长幼、资历及能力的不同,他们的身份也是有等级差别的。

  我国等级思想的形成与我国农业社会的现实环境有着密切的关系。在古代农业社会中,农产品大都是自给自足、自己生产的,农民对所收获农产品的分配是不可能按照平等的交换原则进行的(如"按劳分配"或"等价交换"的方法),其中相当大的一部分还必须上缴给国家。因此必须由农业氏族社会中的"家长"进行管理,即通过对农产品进行集中,然后按照一定等级秩序再进行分配,只有这样才能保证农业部落中老人、儿童及妇女的需要。这种最基本的分配方式推广到整个社会领域之中,就出现了等级更高的"家长"对各部落的资源进一步进行集中控制和分配,以便于更好地巩固封建社会的统治秩序的现象。由于生产力是不断发展的,它的进步可以促进社会财富的增加,这也必然引起社会成员之间的分化,这种分化的结果反过来又破坏了原有的对财富进行控制和分配的管理体系。例如下层环节的等级成员扩大了自己实际的权力,垄断并占有了更多的资源和财富。在先秦时这一局面被称为"礼崩乐坏",孔子认为这种等级上的混乱必然会导致社会的动荡,"名不正,则言不顺;言不顺,则事不成;事不成,则礼乐不兴;礼乐不兴,则刑罚不中;刑罚不中,则民无所措手足"。因此,对等级秩序的控制、调节便成了封建传统社会发展的核心问题,同时也成为传统哲学关注的一个重要主题。孔子明确提出了"君君,臣臣,父父,子子"的封建等级思想,就是用君权限制臣权,以此解决当时诸侯的地位高于天子、大夫地位高于诸侯的越权犯上的现象。这个有序等级思想的核心,是将氏族社会的原则扩大到社会政治领域,要求君主像父亲一样合理地分配资源,以实现社会的公正,这是通过长幼有序、上下有制的等级秩序来实现的。孔子的等级思想体现了工具性与价值性的统一,是儒家传统伦理道德哲学的核心和最高社会理想,由此还逐步演化出了中国社会中纵向和横向两个基本等级序列,从纵向说是"君、臣、父、子",从横向说是"士、农、工、商",两个序列之间是可以交叉的。其中"士"是社会的管理层和教化层;"农"与"工"都是社会产品的直接生产者;"商"往往在传统等级秩序分配范围之外获得财富和资源,司马迁在《史记》中多次提到"商",认为他们虽然没有很高的社会等级地位,却"千金之家比一都之君,巨万者乃与王者同乐"。由于封建统治者认为"商"破坏了等级资源分配及地位的有序性，因此在封建社会中"商"的社会地位最低，并且一直是受到限制的。

中国的社会等级秩序与农业家长制密切相关，它在封建社会中经过了长期的演变，已经成为传统哲学、社会文化意识中的一个重要组成部分，它不仅仅是一个制度的问题，更体现为一个起"教化作用"的哲学观念和文化价值体系。因此，企图通过制度革命或者改良从根本上"废除"等级制度，往往不能收到预期的效果。

三、特权思想

什么是特权？顾名思义，就是法律、制度规定之外的特殊的权利，是一般人不能享有的权利。伟大的无产阶级改革家邓小平同志曾指出："我们今天所反对的特权，就是政治上、经济上在法律和制度之外的权利。搞特权，这是封建主义残余影响尚未肃清的集中表现，它的危害是巨大的，影响是恶劣的。"特权的存在，无疑与公平、正义的要求是对立与矛盾的，因此必然会遭到绝大多数人的反对和唾弃。特权思想与腐败现象虽不能划等号，但二者有内在的联系，特权思想发展到一定程度，就会演变为腐败现象，因此可以说腐败现象是产生于特权阶层中的特权思想。一部人类文明进步的历史，在某种意义上说就是一个特权生存空间被日益压缩、平等观念日益深入人心的过程。据《论语》记载，孔子的高徒颜渊死了，其父颜路请求孔子卖掉车子为颜渊置办外椁。孔子说："我儿子孔鲤死时，也只有内棺，没有外椁。我不能卖掉车子来替他买外椁，因为我也曾经做过大夫，是不可以步行的。"在封建时代，为了"谨出入之防，严尊卑之分"，读书士子一经登阁入仕，便与徒步绝缘，享受荣华富贵。每日出则乘车，入则高堂，真是一呼百应，威风八面。旧时代的这种腐朽的官场习气，势必造成官民关系的对立，因此官逼民反、揭竿而起的壮举在历朝历代都有激烈上演，这样的教训是值得人们去思考的。

在中国古代"礼"是基本的立法指导原则。礼的核心是"亲亲"、"尊尊"，其中的一个内容是强调身份等级。贵族享有的特权，最早、最集中的体现是"礼不下庶人，刑不上大夫"。自从汉代将儒家思想确立为正统法律思想以后，封建法典开始"礼入律中"、"礼法合流"，所以贵族官僚在法律上享有一定的特权是封建法典的一个重要体现。总体说来，在中国古代封建法典的内容里，其中一部分就是维护贵族特权。从汉朝的定罪量刑原则"贵族官僚有罪先请"到三国两晋南北朝的"八议"，再到唐律的"请"、"减"、"赎"、"免"；从三国两晋南北朝的"杂抵罪"到魏晋隋唐的"官当"等，都是贵族特权的法律化，这些都是贵族特权的集中表现之一。

特权意识在中国社会源远流长，至今还在影响着人们的思想方式和行为表现,对中国社会的历史进程产生了深刻的不利影响。特权最大的特点,就是排他性,不受他人制约,几乎不受约束。所谓特权意识,就是人们一旦拥有权力,习惯于行使并享用特权,拒不与他人分享权力和权利,拒不接受他人的监督。在中国古代社会,世袭皇权是最大的特权,一个人一旦当上皇帝,将拥有至高无上的特权,并且这个特权只能是子孙世袭,世代延续。当然,这个特权主要靠暴力及相应的理论来维持,使天下人认可世袭皇权是天经地义,顺理成章的。在封建专制体制下,不仅皇帝拥有"普天之下莫非王土,率土之滨莫非王臣"的特权,而且各级地方长官也是辖区内的土皇帝,拥有极大的特权。比如一个县令,既是一县行政长官,同时又是法官、检察官、税务官,上管天文地理,下管鸡毛蒜皮。儒家文化作为社会中的主流文化,是充分认可专制特权的,是专制特权的有力保障。所谓"刑不上大夫,礼不下庶人"、"为尊者讳,为尊者隐",就是对特权的公开礼赞。

一般来说,各种社会形态都有相应的文化思想。当代思想家福柯在《规则与惩罚》中指出:权力和知识是直接相连带的,不相应地建构一种知识领域就不可能有权力关系,不同时设立和建构权力关系就不会有任何知识,贯穿权力—知识和构成权力—知识的发展变化和矛盾的这种斗争,决定着知识的形式及其运行的领域。福柯所阐发的权力与知识的关系,不一定适合自然科学知识，但对于社会知识来说应该是成立的。从这个意义上讲，权力和文化也是直接相连带的，特权社会必定有维护特权的文化思想。新中国的成立虽然终结了封建特权制度，但是由于文化具有继承性和渗透性等特点，在一定的条件下，腐朽的思想文化依然能沉渣泛起，影响人们的思想和行为。特权意识早已深深地扎根于民族文化的土壤，成为一种容易诱发腐败并损害社会和谐的文化基因。

四、小农意识

所谓小农意识，是指为满足个人温饱和生存，在一小块地上自耕自作，在无约束、无协作、无交换的生产状态中形成的一种思想观念和行为习惯，它是中国封建社会的产物。这种意识在心理上的表现为求稳、怕变，有很大的保守性，本能的排斥变革，缺乏主动进取精神；它在价值观念上的表现，是容易使人形成以患得患失、平均主义为特点的观念体系；它在思维方式上的表现，是规模狭小的自然经济缩小了人们的活动范围，降低了人们的认识水平，导致人们的思想方式具有经验性、直观性和不系统性。

小农意识产生于封建社会，是小农经济中农民身份和地位的充分体现，它反映了农民对自己利益的维护，但不包含对权利的捍卫与争取。它虽与官文化对立的农民文化，但并未从根本上否定官文化的统治,而是在适应集权官僚制的前提下,形成的维护自己的生存和简单再生产的初级观念。小农意识是个体的,却是普遍的,它作用于农民,影响了全社会。时至今日,其影响依然广泛存在。

"小农意识",本指一种伴随小农经济而产生的落后观念,"二亩地一头牛,老婆孩子热炕头"是对其恰当的解释。用现代人的眼光来看,这种意识缺乏开阔的视野、远大的目光,重眼前利益而轻长远利益。"小农意识"说起来好像离我们很远,但实际上就在我们身边。

小农意识表现在如下几个方面:

小富就是安定。有小农意识的人,其追求相对较低,目光短浅,只要超过了旱涝保收,吃饱喝足略有结余的目标,就会产生富有的念头。其后果一是没有了从前那种不干活就要饿肚子的危机感;二是有了结余就开始琢磨着享受,而不懂得把结余投入再生产;三是飘然自得,不可一世。

缺乏自律意识。由于小农生产方式是典型的个体行为,自家的地、自家的犁、想下地就下地,想种啥就种啥。所以,有小农意识的人没有规章制度观念,一般很随心所欲,公私不分、上下不分、内外不分、轻重不分。

容易结成宗派亲族集团。由于小农生产是个体经营、势单力薄,没有组织,没有协作,抗风险和抵御自然灾害的能力很低。

一旦出现了自然灾害和突发事件，他们叫天不应，求助无门，唯一可以依赖的就是宗派亲族，有小农意识的人只相信同姓同血缘的本家人。

五、封建婚姻意识

封建婚姻意识是封建思想残留的集中体现。封建婚姻意识主要有包办婚姻、买卖婚姻、门第婚、早婚、中表婚、收继婚、转房婚、冥婚、歧视寡妇再嫁、歧视男方落户女家、婚礼上的大操大办以及铺张浪费等多方面内容，其中又以包办婚姻、买卖婚姻、门第婚、早婚、中表婚、歧视寡妇再嫁、婚礼大操大办等方面最为突出。在封建社会中，不同的阶级与阶层联姻时关注的侧重点不太一致，一般说来，高门大族婚姻侧重于门第相当，一般民众侧重于婚姻论财。大户人家是男子早婚居多，穷户人家是女子早婚居多。在包办婚姻与歧视寡妇再嫁方面，高门大族比小户人家更为严重，这也是维护其"正统性"和家族"体面"的需要。

在封建社会里，婚姻行为不是一种个人行为，而是家庭集体成员的行为，甚至可以扩大到家族的行为。婚姻的目的是传宗接代，延续香火。中国古代婚姻制度，随着中国封建社会的确立而不断趋于成熟。它和封建社会制度都是阻碍社会发展的障碍，在根本上都附属于封建制度，是封建统治者治理社会和维护自身利益的工具。它不仅摧残了很多无辜的女性，而且很多男性也深受其害。下面我们来了解一下中国传统婚姻的特征：

首先，中国古代婚姻制度其实是"一夫一妻多妾制"，在中国封建社会，妇女没有社会地位，夫为妻纲，妇女的一切只能服从和依赖丈夫，从一而终，不可改变。一个男人一般只有一个正妻，却有多个妾，男人娶几个女人都不受法律和道德的约束。"父母之命，媒妁之言"是其基本特征，父母有很大的主动权和决定权。这种不合理的婚姻制度是束缚中国古代男女追求婚姻自由的沉重枷锁。

一夫一妻多妾制，在古代主要是为了传承香火和传宗接代的需要，而不是为了男女双方的感情结合。按照宗法制度的要求，妻只能有一个，妻所生的孩子为"嫡系"，其他妾所生为"庶出"，一般没有长子的地位高，这就造成了人与人之间不平等。在同一个家庭中，妻及其子女与妾及其子女有着明显的地位差距。

一方面，这种制度使得一大部分妇女在男权主义主导的社会里丧失了地位和权利。妾是中国传统宗法制度下的畸形产物，她们担当的角色只是为了传宗接代，在封建社会是根本没有地位的。同时，大部分女子是由于生活所迫和外界施压才为妾的，并非是出于本人自愿的。

另一方面，为了维护以血缘关系为纽带的阶级统治，封建社会在生活中从上至下都推行嫡长子继承制，"庶出"虽和"嫡系"同父异母,但他们在家族中的地位却有天壤之别,不可相提并论,这只是因为他们的母亲不同,所以地位就不同。无论是财产的分配还是官爵的继承都轮不到次子,他们一出生就带上了低人一等的不公的命运痕迹。

其次,中国传统婚姻的目的是以生育为第一位、以经济为第二位的,男女感情被置于末位。在封建宗法制度下,婚姻大事必须由父母做主,再由媒人从中撮合,才算遵礼合法,才能被宗族和社会所承认。包办婚姻是古代婚姻的基本特征之一,家长掌握子女的婚权是法律的明文规定。

男女恋爱婚姻,本是青年男女追求自身终身幸福的权利。但这一主动权却握在了父母的手中,儿女没有主动权,只能被动地去接受。男女双方的结合都是靠父母和媒人的撮合,男女双方甚至没有接触和了解,就结合在了一起,这种不带感情的婚姻对男女之间和家庭生活的和谐是非常不利的,最终酿造了太多的悲剧。同时,这种婚姻制度在很大程度上,使得包办婚姻、买卖婚姻、交换婚姻、童养媳婚姻在社会上大为盛行。

最后,"门当户对"是古代婚姻的重要标准,后来这一制度演变发展成了"良贱不婚"。"良贱不婚"是指在封建等级社会,身家清白的良民不与从事贱业或户籍上被编为"贱籍"的人结婚。

下面让我们了解一下中国传统婚姻的基本类型:

（一）政治和亲婚

政治和亲是封建统治者经常用到的一项重要的政治策略，它一度成了中国封建王朝安邦定国的一大外交政策。政治和亲的具体措施有，把皇家宗室女嫁给少数民族首领。例如，汉朝首创和亲外交，创始人刘邦把宗室长公主嫁给匈奴单于。其后是武帝刘彻，先后把细君公主与解忧公主嫁给乌孙王，再其后是汉元帝时代的"昭君出塞"。唐朝最著名的两次和亲，一次是641年文成公主嫁吐蕃赞普松赞干布，一次是709年雍王李守礼的女儿金城公主嫁吐蕃赞普迟德松赞。

（二）强权干涉婚

这一类婚姻形式的特点是，婚姻当事人无法决定自己的命运，一切都由外部强力促成，受到他人的控制，自己无法反抗。当然了，父母之命、媒妁之言促成的聘娶婚，当事人也无权自行改变。但这两类婚姻形式所遭遇的外力，在程度上是不太一样的，强权干涉，是强力、暴力、权力、控制力的合成，而聘娶婚，父母还可能照顾一下子女的意愿。

这类婚姻因具体操作的不同，又分为以下几类：

1. 选婚

所谓的选婚，是专属于古代帝王的婚配形式。为皇上选妻妾，是谓选婚。始于西汉，东汉时将其作为一项制度确立下来。以后历代历朝，都继承了这一传统。被选女人无权拒绝，只能被动地服从，就跟义务征兵似的，没有自己的自由。皇上选婚的时间一般定在八月，因为八月是皇家查户口、算赋税的时间，捎带着就把民间美女选到皇宫了，所以选婚也叫"八月算人"。

2. 罚婚

罚婚是针对犯人及其家属而采取惩罚的一项措施。罪犯被判刑之后，其妻女即被充公。罚婚就是把罪犯的妻女罚配给别人，比如边关军卒。

3. 赠赐婚

赠赐婚有三种形式，即赠婚、赐婚、指腹婚。所谓的赠赐婚，是指家长、族长或当权者，把自己手中控制的女人作为礼物赠给自己亲近的人。

（三）聘娶婚

聘娶婚，是指男子以财物作聘礼而娶妻的一种婚姻形式，女子因聘礼而出嫁。古语《礼记·曲礼》说："非受币，不交不亲。"意思是说，没有"币"作为聘礼，男方是不能与女方成亲的。聘娶婚的实质乃是父母包办婚姻。比如，鲁迅反对包办婚姻，他只反对一半，他反对的是朱安女士，却并不反对包办婚姻的老娘。如果说鲁迅在这场婚姻中是个牺牲品的话，那么，朱安女士则是更大的牺牲品。因为鲁迅接受了这场婚姻，只是为了不惹母亲生气，并且自言朱安女士是母亲送给自己的一项礼物。对于朱安女士来说，鲁迅并没尽过任何丈夫之责任与丈夫之义务。这场婚姻中，朱安又成了鲁迅的牺牲品。

（四）转房婚

转房婚又称为收继婚、升房婚、转亲婚、叔嫂婚。一般而言，转房婚是指父亲死后某一特定的儿子收娶其后母，或者兄长死后弟弟收娶其嫂，或者弟弟死后兄长收娶其弟媳，这种婚俗曾广泛流行于世界各地。现代人戏言，这叫"肥水不流外人田"，此话倒也不差，因为据有关资料记载，这种婚俗起源于原始社会。原始社会时期，部落战争较多，掠夺来的妇女自然是财产，一旦男人死去，女人也要被以财产的形式转让给本部落其他男子。但是随着家庭的出现、私有制的产生和强化，这种转让的范围逐渐缩小了，最后仅限于家族范围之内，也就是说，转让仅限于与死者具有血缘关系的人。非洲、巴基斯坦、以色列、美洲、印度，都流行过转房婚。

（五） 经济实用型婚姻

所谓的经济实用型婚姻是穷人为省钱而自发采取的一种婚姻的变通形式。也就是说，它没有聘娶这一关，这就能省下一笔财礼，甚至能减少日常婚姻消耗。这种婚姻具体有以下几种类型：

1. 交换婚

它是中国历史上很典型的一种婚姻形式。它是指两个不同姓的家族通过协议和商榷，互换异姓子女结为配偶的婚姻方法。一家男子娶另一家女子，必须以一女嫁到对方家作为交换条件。在中国古代，交换婚很流行。比如西周时姬、姜两姓世代为婚。汉武帝娶卫青之姐卫子夫为皇后，卫青则娶武帝姐平阳公主为妻。

2. 入赘婚

入赘婚是很另类的一种婚姻形式，其特点是男方到女方家入户，也就是俗称的"倒插门"，生下来的儿女还要姓女方的姓。总之，这种婚姻形式里的男人，很受社会歧视。而男人之所以选择这种方式，往往是出于经济原因，家穷，掏不出彩礼，娶不起媳妇。据史料记载，入赘婚早在先秦时就已存在，宋朝时开始盛行。到元朝时，入赘婚分为四种类型：养老型，即男子一辈子生活在女方家中，为女方父母养老；年限型，即双方约好一定的年限，年限内生子，归女姓，在年限外归男姓；出舍型，即夫妻从妻家分离出来，独立过日子；归宗型，即双方约定的年限到期，或妻子死，男子回到自己家中，获得独立。

3. 童养媳

童养媳是指有儿子的家庭，抱养人家的童女为养女，等到儿子与养女达到结婚年龄，使他们完婚成亲，俗称"圆房"。由于这种媳妇来时年少,需要长大成人后才可成亲,所以又叫"待年媳"。还有叫"等郎媳"的,是指男方还在娘胎里没有出生的时候,父母就为其领养媳妇。

4. 典妻婚

所谓的典妻,也叫租妻,历史上广泛流行于浙江、福建、甘肃、辽宁和山西。辽宁叫"搭伙",甘肃曰"僦妻",在山西被称作"挂帐",也有人叫它为"拉边套"。出租妻子是一种更经济的婚俗形式,简而言之,典妻就是丈夫把妻子出租给需要老婆的人。时间长的叫作典妻,时间短的称租妻。《全国风俗大观》记述:"贫苦之家蓄妻不得温饱,可以租之于人,共订合同,半载或一年、三年,以本夫之需要,以定时期之长短。期满则退回而已。"租妻习俗在宋元时代就已流行,在明清时最为严重。冯梦龙的《寿宁待志》载:"或有急需,典卖其妻,不以为讳。或赁与他人生子。岁仅一金,三周而满,满则归迎。典夫之宽限更券酬直如初。亦有久假不归遂书卖券者。"

5. 鬼婚

鬼婚,又叫冥婚或阴婚,即幽冥世界的婚姻。起源很早,至少在先秦时期就已流传开来。其名目很多,有冥配,配骨,幽婚,圆坟等。《周礼》有云:"禁迁葬者,与嫁殇者"。意思是说,在成年后还没有结婚就死亡的,往往施行迁葬,即冥婚仪式。

从上述种种婚姻形式来看,古代婚姻必须具备的一个基本条件是"父母之命，媒妁之言"。

所谓"父母之命"是指主婚权属于父母，即父母为子女选择配偶，嫁娶方式均由父母做主，而不问男女双方本人的意愿，实质上就是所谓的父母包办婚姻。史料记载，《孟子·滕文公下》记载："父母之命，媒妁之言，钻隙相窥，逾墙相从，则父母国人皆贱之。"恩格斯也曾指出："古代婚姻都是由父母包办，当事人则安心顺从。"

所谓"媒妁之言"是指婚姻由第三方即"媒人"撮合，它是父母包办婚姻中不可缺少的环节，是包办婚姻的组成部分，与父母之命共同构成联姻的基本要件。例如唐律规定娶妻无媒不可。媒妁在古代之所以重要，在于他们能协调宗族关系，是宗族联姻的一个中介。古人讲究"和"与"睦"，宗族的和谐是社会和谐的前提条件。通过媒妁缔结成良缘，"合二姓之好"，使两家建立亲属关系。若是事情办不成，由于双方有媒妁作缓冲，也不会发生直接正面冲突。

父母的意志是子女婚姻成立或撤销的决定条件，他们以自己的意志为子女谋家室，子女的意志从来就不在他们的考虑之列。无论子女成年与否，他们的婚事都由父母来作决定，父母甚至无须询问他们本人的意见。例如，《孔雀东南飞》一文中焦仲卿和刘兰芝的故事让人潸然泪下，因婆婆不喜欢媳妇，百般刁难，使得女方在再婚当天投河自尽，男方也"自挂东南枝"，上吊自杀了。再如,陆游与唐琬只能垂泪吟诗:"一杯愁绪,几年离索,错,错,错!……山盟虽在,锦书难托,莫,莫,莫!"酿成悲剧的原因何在?归根到底就是所谓的"父母之命,媒妁之言"。

那么为什么古代能奉行包办婚姻,使子女的婚姻权利掌控在父母的手中?

是因为婚姻家庭关系是随着社会生产关系的发展变化而发展变化的,有什么样的社会生产关系,就会有什么样的社会制度,也就会有什么样的婚姻家庭制度和婚姻家庭形式。中国古代的这种婚姻家庭制度是当时社会性质最好的体现,并能适应当时的社会形态。

《礼记·昏义》记载,婚姻的目的是"将合二姓之好,上以事宗庙,而下以继后世也"。缔结婚姻一方面是为了扩展外部关系,即"合二姓之好",也就是通过婚姻这一纽带将两个宗族连接起来,结成一种亲属联盟,以便壮大自己的力量;而另一方面是为了维护内部关系,即"上以事宗庙,下以继后世",也就是为了传宗接代,维系宗法血缘关系,使家庭兴旺,长盛不衰。总之,不管婚姻关系的缔结还是解除,都是出于维护家庭利益的需要,而不是为了当事人个人的幸福,所以说,婚姻行为实际是家族集团的行为而不是个人行为。家族利益是包办婚姻的唯一基础,既然是出于亲属集团的利益需要,是家族行为,父亲和丈夫在家庭中就居于至尊的地位,妻子和子女则处于无权和服从地位，甚至没有独立的人格，更没有什么婚姻自由可言。

在古代社会中，在运用"伦理纲常"这一"软兵器"进行统治的同时，还得适当运用法律这一"硬兵器"以确保婚姻制度的正常运行。夏商时代就形成了"罪莫大于不孝"、"罚莫大于不孝"的观念。唐律将"不孝"作为"十恶"罪名之一，"不孝"包括告发或咒骂祖父母、父母，父母在世而不去供养，不按规定服丧等，这就在实际上确立了"君为臣纲，父为子纲，夫为妻纲"原则。古代强调"孝"与宗法等级制度关系密切相连，在很大程度上反映了宗法制下父母对子女的支配权和统治权，其中主婚权就是对人身支配权的现实反映。社会上这种宗法等级制度其实是阶级对立关系的一个缩影。

在中国古代婚姻制度中，男女本人之个性自由被极端地忽视，尤其是女性一直处于被压迫的地位。两性地位的等级性是古代婚姻制度的另一特征，封建社会中妇女是弱势群体，毫无地位可言。恩格斯曾指出："母权制的被推翻，乃是女性具有世界历史意义的失败。丈夫在家中掌握了权柄，而妻子则被贬低，被奴役，变成丈夫淫欲的奴隶，变成生孩子的简单工具了。"

中国古代的男尊女卑思想和相应的制度，以及男主女从的不平等关系都得到了封建的礼教和法律的确认，并得到了严密的保护。《仪礼·丧服》载："夫，至尊也。夫，天也，妻，地也；夫，日也，妻，月也；夫，阳也，妻，阴也。天尊而处上，地卑而处下。""夫妇者何谓也？夫者，扶也，扶以人道也。妇者，服业，服于家事，事人者也。""夫为妻纲"，是封建伦理纲常中的"三纲"之一。这种夫权统治是以男性为中心的封建宗法制度在夫妻关系上的集中反映，这与封建社会男女两性社会地位的不平等是紧密相关的。女性在封建社会中一直处于卑贱、屈从、依附、遭奴役的地位。《礼记》规定妇女必须遵守"三从""四德"；《女诫》规定"事夫如事天，与孝子事父，忠臣事君同也"，认为女子应该"在家从父，出嫁从夫，夫死从子"。这充分说明了夫权的绝对威严和妇女地位的极其低下。夫妻之间，无论是人身关系，还是财产关系，丈夫均处于支配、命令者的地位，妻子则只能是居于服从的地位。

我国古代的"礼"和"法"为男子休妻规定了七种理由，这就是所谓的"七出"。《大戴礼记·本命》记载："妇有七去：不顺父母去，无子去，淫去，妒去，有恶疾去，多言去，窃盗去。"不顺父母，是指儿媳不孝顺公婆，得不到公婆的欢心，尽管妇女没有过错，只要公婆不喜欢儿媳，即可成为出妻的理由。无子，即妻子不生儿子，封建时代的法律规定"四十九以下无子，不合出之"。淫，即指妻子与人通奸。妒，在古代封建社会实行一夫一妻多妾制，官宦地主除娶一个正妻外，还可以纳多个妾，如果女子从思想、行为上不准丈夫纳妾，男子可以此为理由将她休掉。恶疾，指妻子患有严重的传染性疾病。多言，指妻子多言多语，离间了夫家的亲属关系。窃盗，指妻子擅自动用家庭财产。在古代社会，妻子无权处理家庭财产，私自动用家财就被认为是盗窃。

古代女子根据父母的意思一旦缔结了婚姻，就正式成了夫家成员之一。如果她在夫家遭受不幸，并受到虐待时，社会一般不可能站在她的立场上，加以援救。这明显是强加在我国古代妇女身上的沉重枷锁。

中国古代封建社会处理婚姻家庭关系的方式也有其自己的特点。

一方面，中国古代传统法制以维护家族、宗族、国家等团体利益与集体的和谐为根本目的，强调社会成员要有服从的意识，使个人的权利意识受到了一定程度的压制，所以中国古代的刑事、行政等法律体系相当发达，民事类的私法体系则相对滞后。有关调整婚姻家庭关系的法律规范，属于刑法和行政管理法的"附属规范"，在法律体系中并未取得独立地位，而是包容在统一法典之中。例如从汉朝开始通常以"婚律"、"户律"、"户婚律"或"婚户律"之名去确立成文法。

另一方面，在中国古代，调整婚姻家庭关系的重要依据是来源于礼制的习惯法。"亲亲也、尊尊也、长长也、男女有别"被称为"不得与民变革"的永恒准则，这也是处理婚姻家庭关系的最高原则。同时，"父慈、子孝、兄爱、弟敬、夫和、妻柔、姑慈、妇听"是处理亲属关系的基本伦理要求。"六礼"、"七出"、夫制等都带有宗族习惯法的性质。据有关资料记载，西周政治体制以及体现了政府职能的《周礼》都规定了处理婚姻家庭事务的执法准则。在以上四个部分中，除了伦理规范之外，调整婚姻家庭关系的基本原则、宗族习惯法和婚姻行政管理制度都可以被纳入婚姻家庭法律规范的范畴。

第二节　源远流长——中国封建主义制度

说中国有2000多年的封建社会历史发展进程，这无疑是把中国古代的传统小农专制社会也看成了封建制社会，把中国古代的一家一户、自给自足的小农生产方式当成了封建制的生产方式。以严格的科学意义上讲，这其实是对封建制度这一概念的误解。

作为具有封建主义特征的专制主义，其内核是思想层面上的礼制。在中国传统的封建主义思想中，居于核心地位的是"礼"和"仁"。"礼"是指《周礼》所规定的等级名分制度，即西周初期制定的一套十分详细的维护奴隶主贵族阶级利益、标志血缘关系、等级名分的礼仪规范和典章制度，这种制度具有强制性的特征，所以就可以成为维护封建等级社会秩序的统治工具。"礼"将社会中每个人的社会地位和从属关系，通过不同的形式规定下来，任何人不能随意更改和跨越。"仁"指爱人，以"孝"、"悌"、"忠"、"恕"为主要内容。"仁"从根本上说是为"礼"服务的。"礼"和"仁"的学说就是要明确等级，规定秩序，使百姓服从，以宗法关系作为统治社会的手段，以便巩固和强化君主专制的社会秩序。"礼治"其实讲的就是"人治"，是用来维护封建统治者利益的。而"人治"必然表现为不受监督制约的专制制度。皇帝是最高统治者，至高无上，拥有绝对的权力。"普天之下，莫非王土，率土之滨，莫非王臣"，国就是皇帝的家，治理国家的政策和措施基本上是封建统治者的意识观念的反映，虽然有所谓的制约部门，但对皇帝基本上不会有什么大的效果，皇帝是不受这样的部门制约的。对于皇帝来说，维护自己的统治，防止王权被削弱，强化和维持封建等级制度，这样可以更好地去治理臣民、使臣民服从自己的统治。

古代"君臣各有定分、上下皆有级别"的等级官制体现了尊卑有序的社会关系。按等级制组建的封建官僚体制，是用权力统治财产和一切社会资源的集中反映，整个社会权力的结构是建立在层级任命的链条体系的，各级官吏的产生和仕途是由上级决定的，所以官吏只对上级负责，不对下负责，这个官僚群体的最终服务对象是皇帝，这就形成了皇帝至上的"人治"体制，造成了权力的私有化，为腐败打下了制度层面的基础。权力的滥用既是王权的象征，又是腐败的体现。腐败是集权专制的伴生物，二者有着密切的联系。腐败的制度孕育了腐败的行为，产生了腐败的官员。

权力的私有化，使各级官吏在专制权力制度下，成了某一部门、某个地方的权力垄断者，使该部门或该地方成了他的权力的势力范围，成了他得以行使腐败行为的权力圈。权力的价值就在于能凭它去榨取、掠夺社会他人的财富。官府、官吏上下勾结，贪污受贿、奢侈腐化成风，铺张浪费、习尚浮华就会成为一种风气。专制带来的恶果是整个制度的腐朽，官员的选拔虽有科举制度在装门面，但行贿、走门路买官的事层出不穷，只要有钱，无官的可以做官，有官的可以升官，革职的可以复职。官职成了特殊的商品，金钱政治使得腐败现象愈演愈烈。朝廷虽设有监察御史之类的监督官员，但他们所上奏的呈文多被搁置一边，不少监察御史反因弹劾之事被罢官或流放。官官相护，层层贪污，处处敛财，无所不为。封建集权专制下的官吏，将自己的官位、权力看作分割到手的特权，利用自己手中垄断的权力，随心所欲地行使权力来满足自己的私欲和贪念。吏治腐败的结果是摇撼了封建王朝的整个大厦，封建统治者越是强化君主专制，加强思想控制，使社会矛盾日益积累，必定会使社会发生爆炸性的突变。

第三节　中国封建主义的文化实质和道德原则

一、中国封建主义思想文化实质

思想文化是经济和政治的集中反映和体现，所以，封建主义思想文化的实质，是等级基础上的人的依赖关系和经济上的所属关系的一种反映，它充分体现了封建社会的本质与特征。我们都知道，人的依赖关系是最初的社会形态的表现形式，在这种形态下，人的生产能力和生存能力只是在狭窄的范围内孤立地发展着。原始氏族社会由于生产力水平低下，个人相对于氏族群体而言，就没有独立的经济地位和社会地位，因而也就没有独立的个体意识或者自我意识。到了奴隶社会，生产力水平有了明显的提高和发展，出现了社会分工和私有财产，但奴隶依然是奴隶主的私有财产，奴隶没有人身自由，被称作"会说话的工具"，可以被任意出卖和屠杀。反观封建社会的农民，他们则有一定程度的人身自由和权利，他们可以租种地主的土地，收成的好坏同本身的利益相联系，这相对于奴隶制度就是一个巨大的进步。

但是，这种建立在自然经济之上的新的剥削制度，却依旧表现为一整套严密的宗法等级关系，农民被紧紧地束缚在土地上，不能自由地从事其他活动，对封建地主仍存在着严重的人身依附。所以，封建社会是一个等级森严的社会，是一个没有人权的社会。自天子而至平民，形成了一个严密的以宗法关系为纽带的结构形式，即以等级特权、等级依附为基本内涵的社会关系。

马克思认为，在自然经济条件下，人都是互相依赖的——农奴和领主、陪臣和诸侯、俗人和牧师等，都有这种依据关系。物质生产的社会关系以及建立在这种生产基础上的生活领域范围，都是以人身依附为主要特征的。无论是欧洲中世纪的神学,还是中国古代的儒家思想,就其思想体系而言,都在很大程度上反映了人的依附关系的特征。儒家的礼,实质上是明"分","礼者所以定亲疏,决嫌疑,别同异,明是非也"。这就是反映贵贱有别、上下有序、亲疏有异的宗法道德伦理观念。由于中国古代封建社会家和国是一体的,天下之本在国,国之本在家,家之本在身,所以儒家伦理表现为由"亲亲"而至"尊尊",由"孝"及"忠"。这一特点自董仲舒以天命的神威论证"君为臣纲,父为子纲,夫为妻纲"以后,显得更为突出,所谓"臣不奉君命,虽善以叛"、"子不奉父命,则有伯讨之罪"、"妻不奉夫命,则绝",就是这个特点的表现。及至宋明,"三纲五常"被视为"天理",愚忠愚孝、节妇烈女成了中国封建社会后期道德生活的一大特色,强调了臣、子、妻对于君、父、夫的依赖关系。这些都是封建社会所推崇的思想观念,集中反映了封建统治者的政治意图。

二、中国古代封建社会的道德原则

中国古代封建社会的伦理道德,体现的是宗族本位主义。以宗法制为核心的社会结构是中国古代封建社会的基础,是封建君主治国的根本。所以,维护宗法制的社会结构,就成了中国封建社会的道德价值观念的最高标准。《大学》指出:"古之欲明明德于天下者,先治其国。欲治其国者,先齐其家。欲齐其家者,先修其身。欲修其身者,先正其心。欲正其心者,先诚其意。欲诚其意者,先致其知。致知在格物。"这些伦理观念中"以修身为本"的目的不是为了实现"自我价值",而是为了维护宗族集团的最高利益,其理论基础可被称为义务论或道义论,这种思想强调人民对宗族的绝对服从。义务论是一种用来限制和规范个体,消除个体的自由和个性的思想。古希腊的苏格拉底和柏拉图,把道德归为超越特殊个体的一般理念,认为个体的德行都是由这种普遍的理念引申出来的。所以,在他们看来,整体高于个体,集团优于个人,一般先于特殊。这种思想发展到极端时,就会与宗教道德相沟通,甚至在某种程度上可以达成一致。欧洲中世纪的基督教就把俯首听命、恭顺驯服、逆来顺受作为最高的道德标准,用此来加强对人们思想的控制,以维护正常的统治秩序。儒家伦理在本质上也是典型的义务论。它以满足宗法等级整体的利益需要作为自己的行为价值目标,从父慈子孝到君仁臣忠,强调的都是义务而不是权利,它的出发点是为了维持宗族社会的和谐稳定与团结。由于"仁"和"义"可以在"礼"的基础上统一起来,所以在社会生活的实践中,只能是卑者服从尊者。义务论提倡的是禁欲主义、服从意识。由于义务论忽视人的个体需求,所以必然会走向禁欲主义。西方中世纪的基督教把禁欲主义看成达到彼岸"幸福"的唯一途径。中国儒学也强调"正义不谋利"的道德价值观。发展到宋代，程朱理学强调"三纲五常"为"天理"，认为"天不变道亦不变"，并进而强调"存天理，灭人欲"，这实际上是要位卑者放弃对自己正当利益的追求，压抑他们的独立人格，对尊者"顺而不逆"，以维护家庭、宗族和封建社会的稳定。

等级权力崇拜是宗族本位主义的必然产物和结果，是封建主义思想道德的基本特征。宗族本位主义道德原则建立在自然经济基础之上，在自然经济条件下，人的主体性和能力受到了极大的限制和约束。作为在封建社会占统治地位的意识形态，宗族本位主义道德原则，实际上代表了占统治地位的地主阶级的利益和要求，所以，人的依赖关系表现为严格的等级关系。为维持封建宗法社会制度的稳定，它对阶级矛盾又有调和作用，例如，它要求君仁臣忠、父慈子孝，这种义务是双向的。宋明理学也包含着"格君心"之义。但是，宗族本位主义道德原则基于个人利益与社会利益的对立，统治阶级只是群体的虚幻代表，所以，在实际社会生活中，卑者的恭顺与尊者的专横是互为因果的，被统治阶级的禁欲主义和统治阶级的享乐主义是相伴而生的，是可以相互影响的。伟大的政治革命家毛泽东同志，在《湖南农民运动考察报告》中说，政权（君权）、族权（父权）、神权和夫权，代表了全部封建宗法思想和制度，是束缚中国人民特别是束缚农民的四条绳索。因此说，封建等级权力崇拜是封建主义思想道德的基本特征。

宗族本位主义道德原则具有"泛道德主义"倾向，这是由宗法封建社会人的依赖关系所决定的。这使得政教合一的欧洲中世纪和政治伦理化的中国封建社会，都蒙上了一层温情脉脉的面纱。但这种道德学说，随着封建社会矛盾的进一步激化，渐渐成了空泛的道德说教，对于被统治阶级是"吃人的礼教"。等级观念与权力专制的极端化，表明了封建主义思想的没落，也预示着封建思想走到了尽头。

第四章

封建主义残余在我国社会生活中的表现

  我们伟大的民族有5000多年的光辉发展历程，一部雄伟的民族史也是劳动人民的奋斗史与发展史。我们华夏儿女在中华大地上，不辞辛苦、任劳任怨、用自己勤劳的双手和智慧的头脑谱写出了辉煌的业绩与傲人的篇章。身为炎黄子孙、龙的传人，真的是发自内心的骄傲与自豪。但是中国有很长的封建主义专制历史，虽然封建制度已经结束，但是封建主义思想在现存社会生活中却有着牢固的基础并产生了深远的影响。这种封建思想意识，不仅弥漫于我们社会生活中的各个角落，而且在很大程度上已经渗透到人们思想认识的深处。因此，在建设社会主义思想文化，提高人们的认识觉悟时，就需要认清封建主义思想文化的本质以及特征，充分了解自身思想存在的问题和不足，进而在工作和生活中最大限度地清除封建主义腐朽思想文化的残余所带来的负面效应，从科学的角度，树立正确的人生观和价值观。

第一节　封建主义残余在我国社会生活中的具体表现

我国的封建社会经历了漫长的发展时期，如果从公元前400多年的战国时期算起的话，经过朝代的不断演进与制度的更替，到公元1911年辛亥革命的胜利，即清王朝的覆灭，我国封建社会经历了2000多年的发展历程。至于产生于封建制度下的封建思想，从先秦的以韩非子为代表的法家的专制主义理论，到汉代董仲舒的"罢黜百家、独尊儒术"的提出，实际上确立君权的绝对统治地位，再到宋代的程朱理学的进一步强化，也就形成了庞大而精致的封建理论体系。随着社会的发展与进步，人们思想意识也发生了巨大的转变，例如，在近代的五四运动、新文化运动中，伟大的马克思主义者陈独秀、李大钊等人就率先举起了科学、民主的大旗宣扬平等和自由，追求人全面的解放，这对存在了几千年的封建思想是一种致命的打击和无情的摧毁。这场思想解放运动所产生的意义是相当巨大的，使得人们有了正确的思想指导，并在这种科学理论的推动下，直接引发了反对外来侵略者、反对本国封建主义的新民主主义革命运动。但是，反对封建残余对人们的影响的任务是长期而艰巨的。

建国以后在反封建残余的斗争依然继续着,1980年邓小平同志在《党和国家领导制度的改革》的讲话中强调,我们英勇的中国人民在毛泽东同志的正确领导下进行了长达28年的艰辛探索与追求,终于推翻了封建专制制度和封建土地所有制,使人民获得了土地,掌握了国家的政权,成了自己和国家的真正的主人。然而,要彻底清除封建主义对于人们的不利影响的任务还没有完成,因为我们对它还不是特别的重视与了解,反对封建主义所造成的不利影响的历史任务依然是巨大的。正是因此,邓小平同志主张把彻底清除封建主义残余影响的任务与社会主义体制的改革有机地联系起来,他说,现在应该充分重视封建社会思想残余给我们日常生活所造成的不利影响,否则国家的建设发展和人民生活水平的提高就会受到重大的影响。"文化大革命"结束以后,要清除封建主义思想残余在社会生活中产生的不良影响,首先面临的是怎样从根本上解决个人崇拜的问题。个人崇拜的危害是十分明显的,它会直接导致人们思想认识的僵化。思想不解放的结果是拘泥于书本上的条条框框,不从实际出发的本本主义以及主观主义会因此盛行起来,所以要不断地去解放思想,实事求是,要勇于思考、勇于创新、勇于提出新问题、勇于解决新问题,这就突出了社会主体在社会进程中的作用。同时,邓小平同志对分配制度中的平均主义也进行了彻底批判。他多次强调贫穷不是社会主义，发展太慢也不是社会主义，社会主义的根本任务是解放生产力和最大限度地发展生产力，最终走向共同富裕。这就重新规定了在社会主义劳动成果中要实行以按劳分配为主体、多种分配方式并存的社会分配制度，实现共同富裕。

邓小平同志对思想僵化和平均主义的科学批判成为改革开放的理论指导和行为目标，同时也是我党必须长期坚持的理论准则。邓小平同志明确指出了彻底清除封建主义残余对于人们思想观念的影响，并列举了封建主义残余在日常生活中的种种表现，例如官僚主义严重、权力过分集中、家长制盛行、干部领导职务终身制和各种各样的特权，这些不科学的思想都带有封建主义残余的色彩。此外，还有人际社会关系中的宗法观念、等级观念，经济领域中的某些"官工"、"官商"、"官农"式的体制和作风等。随着改革开放的不断深化，我国的政治体制、经济体制、文化体制的改革都取得了辉煌的成就，但由于我国现阶段仍处于新旧体制转型时期，虽然旧体制已经解体，但新体制还没有很好地运转起来，所以，封建主义思想残余依然严重地影响着我们的日常生活。其表现与危害至少有以下几个方面：

第一，封建迷信依然盛行。在我们的日常生活中，有很多人仍然很迷信某种虚幻的超人力的神话的东西，甚至达到了狂热的程度，丧失了理智和常识，完全失去了自己原有的科学合理的判断力，这就在很大程度上成为科学进步的阻碍，并且危害了社会的稳定与团结。封建迷信盛行主要表现在：迷信鬼神菩萨，有的人花费了许多钱财，有的可能付出了生命的代价。例如，"算八字"就有很大的市场。某市进行高考前，一名自称"刘半仙"的"算命大师"就在该市火车站设点，专为高考学子预测"前程"。还有的人建房子要选吉时吉地，甚至建"阴宅"也选吉时吉地。更有甚者，一个县的县委书记，为了使自己永享荣华富贵，在县委办公楼四角埋下"镇邪之物"。目前，还有的人迷信"吉祥"数字，认为"6"、"8"是吉祥数字的代表，是吉利的象征，选车牌号的时候要选择带"6"的，认为这样自己的车可以安全行驶，不会出现交通事故；而"3"和"4"总会让人联系到"伤"和"死"，是倒霉的含义。这种迷信在生产领域也会造成不利的影响，例如在西北草原上盛产一种"发菜"，并在南方一些地方的餐桌上流行起来，结果导致的是草原生态环境的破坏和生态的失衡，人们自食其果，受到了自然的惩罚。

第二，等级观念十分严重。我国的封建政治体制中的等级观念十分严重，就是现在，许多人仍然有等级观念。由于等级秩序观念是权力崇拜的表现形式，所以很多人崇尚权力、追求权力。在现实生活中，"官本位"直接导致的后果是对劳动人民和科学知识的轻视，因此很难形成尊师重道的良好的社会风尚，这对社会主义现代化建设是十分不利的。等级观念还使一些干部搞形式主义，做形象工程，没有群众观念，不去积极联系群众，不理睬群众疾苦，对群众使脸色、不办实事，欺压群众，作威作福，严重损害了党和政府在群众中的良好形象。同时在市场经济条件下，由于利益的驱使，有些人丧失了基本的道德准则和法律底线，利用特权进行非法的经济活动和交易活动，谋取个人利益，不顾国家和集体的利益，这样就给社会主义建设带来了很大的损失。所以说，等级观念的封建残余在社会中所造成的负面影响还是相当大的。

第三，宗法观念根深蒂固。宗法观念是宗族本位主义封建思想中最基本的观念。目前在广大偏远农村，家族势力、宗法观念有上升的势头。例如，修建祠堂，建庙宇等封建活动大为盛行，修坟造墓日益奢华。在广大农村的政治、经济、文化领域形成了许多小集团，即"不听村长听族长，不守法规守帮规"，这样就给政治稳定造成了极其不利的影响。宗法观念还表现在人事安排上的独断主义，没有根据人的才能去安排职能，不是任人唯贤，而是任人唯亲。例如，有些人在任免干部时对其同学、老部下给予特殊关照，对善于投其所好者另眼看待，搞特权，搞小集团主义，甚至强调对个人的绝对服从，从而影响了行政工作效率。

第四，小农意识普遍。我国封建社会是以自然经济为基础的自给自足的经济形态，个人就是社会农业生产的独立的经济实体，家庭在很大程度上可以决定自己种什么、怎样在市场上进行交换。于是，人们在农业文明长期的作用下就形成了特有的小农意识。小农意识的特点是狭隘性、落后性，这种思想观念是落后思想的集中体现，有一定的相对独立性和继承性的倾向，对现今人们的思想还有较大的消极作用，是社会中各种消极影响得以存在和发展的心理条件和基础。我国社会形态的转变有其特性。中国社会从原始社会向阶级社会的转变不同于西欧国家的转变方式，它保留了对血缘关系的注重，而且一直延续到现在。它的消极性、狭隘性表现在家庭与国家的关系上，家庭成员一般是以家庭利益为中心的，忽视集体利益和国家利益。与此同时，它在思想上使人们倾向于保守落后，故步自封，使得人们满足于眼前的既得利益，缺乏进取精神，而安于现状，不去创新，对一切变革现实的行为和趋势都持否定的态度。小农意识是中国社会进步的"绊脚石"，是应该去批判的一种思想意识。

第二节　封建主义残余在我国社会生活中蔓延的原因剖析

一、封建主义残余存在的思想基础

历史的经验告诉我们，一定的思想文化是进行一定社会行动的先导，是改造自然、变革社会的重要支撑力量。纵观我们伟大中华民族的发展历程，一方面它既创造了辉煌灿烂的悠久文明，丰富了劳动人民的精神生活，另一方面，从2000多年的封建社会发展史来看，儒家思想文化是我国封建残余存在的主要思想根源。当然，在这里并不是要系统批判儒家的传统文化，而是对儒家文化应当采取科学合理的态度，即要在批判中继承，在改造中发展，"取其精华，去其糟粕"。秦朝覆灭的历史教训是惨痛的，它使汉初的统治者清醒地认识到，治理国家全部依靠残酷的刑律是不可取的，必须采用"柔"的方式来管理国家。由于儒家思想正好符合了汉朝统治者的实际要求，于是就有了董仲舒的"罢黜百家，独尊儒术"的思想，最终使儒家思想与封建统治政权有机地结合起来，成了维护统治阶级的正统思想文化的思想工具。

随着时间的推移，儒学在宋代也有了更进一步的发展，由经世致用之学演变成了维护封建统治者利益的伦理之学。于是，儒学有了新的表现形式，就是所谓的理学。理学产生的标志是程颢、程颐提出的"天理"概念，天理即三纲五常，长幼尊卑，社会有序。理学的强化和巩固给中国社会带来了极大的消极后果，它紧紧束缚着人们的思想观念，使人们没有了创新意识，也就严重地阻碍了社会的发展和进步。

从儒学思想的发展历程我们可以看出，儒学自从孔子创立后经秦汉的改进，再到两宋的强化，它在一定程度上对调和社会生活中存在的矛盾、维护封建统治的现存秩序、巩固自然经济的发展等方面都有一定的积极意义。但是我们要清楚地看待儒学所造成的不利影响，在封建社会的历程中，统治者为加强专制统治，儒学被不断按统治者的意向进行加工、改造、整理，到了明清时期越来越成为社会思想发展的障碍，成为禁锢人们思想的"拦路虎"，并逐渐沦为维护皇帝权威、控制人民的封建工具。所以，儒家思想一步一步走向死板、走向僵化、走向教条，在鸦片战争后，中国开启了近代化的道路时，儒学在那时一度成了先进的中国人所批判的对象。

二、封建主义残余存在的历史原因

封建残余得以遗留除了思想文化原因外，历史原因也是重要的一方面。从近代的发展史来看，自太平天国运动至新中国的建立，许多仁人志士为推翻封建主义进行了不懈的斗争，但封建主义存在的时间较长，因此在新中国成立后，即使封建制度作为一种旧制度被消灭了，然而在意识形态领域消除封建残余的影响仍然需要相当长的时间。同时，我国的社会发展经历了一个特殊的历史阶段，即新中国是由半殖民地半封建社会直接进入社会主义社会，中间逾越了资本主义发展阶段，从这一点来说，这也是封建残余影响社会主义发展的重要因素。

新中国成立后，我国建立了社会主义制度，封建的政治、经济制度彻底被摧毁了，但在意识形态领域，封建主义残余仍然困扰着社会主义建设。从新中国成立到改革开放前，在意识形态领域里，我们经常同资本主义作斗争，却忽视了封建主义残余的影响，因此出现了权力高度集中、领袖的个人权力凌驾于党、国家和法律之上等现象。这些现象不能不说是受到了封建主义残余的影响。

随着改革开放的不断深入，党和国家领导人意识到这个问题的严重性，曾多次强调要防止封建主义残余对现代化建设的影响。邓小平同志曾深刻指出："我们进行了28年的新民主主义革命，推翻封建主义的反动统治和封建土地所有制，是成功的、彻底的。但是，肃清思想政治方面的封建主义残余影响这个任务依然艰巨，因为我们对它的落后性估计不足，以后很快就转入社会主义革命，所以没有能够很好地完成。"

与此同时我们更应该清楚地意识到，我国的反封建历史是极其短暂的，而且我国社会是从半殖民地半封建社会直接进入社会主义社会的，中间未曾经历资本主义的发展阶段。而从资本主义的发展历程来看，资本主义同封建主义的斗争经历了较长的时间。大体经历了两个历史阶段：第一阶段从14世纪到17世纪，即欧洲的文艺复兴阶段。文艺复兴运动使新兴的资产阶级彻底摆脱了腐朽的封建文化和宗教迷信对人的精神和思想的束缚和压制，它肯定了人的价值，宣扬了人性，主张人的自由和解放，这场在意识形态领域发起的社会思想运动，其核心是人文主义，它主张以"理性"代替"神性",以科学代替愚昧,以人权代替神权,以平等代替封建等级制度。文艺复兴使人性得到空前的肯定,使人的主体意识得以复苏,使人的思想得以完全解放,这就为资本主义政治、经济和文化的发展提供了道德上的理论基础和条件。第二阶段是17世纪至19世纪,这一时期是封建制走向衰落、资本主义制度在欧洲大陆逐渐确立的过程。17世纪至18世纪的启蒙运动是文艺复兴后的又一次伟大的思想解放运动,它追求人的自由与平等,主张天赋人权,旨在探索怎样去建立一种比封建制更进步的社会制度。在启蒙运动期间,涌现出了大批著名的思想家,像孟德斯鸠、伏尔泰、卢梭、洛克等,他们把资本主义思想意识形态反对封建主义思想意识形态的斗争又一次推向新的高潮,使人权、民主、自由、平等、博爱等思想深入人心,为后来资产阶级确立政治统治奠定了有效的基础。17世纪至19世纪,资产阶级统治在欧美逐渐得以确立和巩固,封建残余的影响逐渐弱化,甚至可以说是销声匿迹了。

我们从以上资本主义反封建主义的斗争中可以看出,它们之间的斗争史长达五六个世纪。在此期间,资本主义所倡导的先进文明得以逐步传播、发展、直至确立。而中国从太平天国运动起到今天也不过才160多年的历史。由于我国的反封建历史是比较短暂的,封建主义思想仍然会在政治、经济、思想文化领域有很大的残余,在进行社会主义建设的今天,我们既要逐渐地消除封建主义残余的不利影响，又要以经济建设为中心进行现代化建设。这两个方面是相互影响的，封建主义残余会阻碍现代化建设发展的步伐，同时现代化建设的顺利进行会加速封建主义思想的灭亡。因此，可以说加快社会主义现代化建设是消除封建思想的有效方法和基本途径。

三、封建主义残余存在的制度文化原因

处于封建社会的古代中国人被划分为四个等级：士、农、工、商。其中士处于首位，农处于第二位，工处于第三位，而商在末位。古语曰："修身、齐家、治国、平天下。"这是对士提出的要求，所以大多数人会刻苦读书，以便将来考取功名，这是多数知识分子的终生奋斗的目标，也是读书人实现自己人生价值的重要途径和方法。可以说，中国封建社会的文化具有相当浓厚的官文化色彩。有些书籍就是最好的例证，像《汉书》、《史记》这类书大都是为封建统治阶级服务的，《资治通鉴》书名的意思是"鉴于往事，资于治道"，即以历史的得失作为教训来加强现有的政治统治。然而商人在封建社会中是没有地位的。"君子喻于义，小人喻于利"，即思想高尚的人追求道义，思想低下的人则追求利益。因为这种思想和这种官商不平衡的发展现状，所以中国古代社会没有形成系统的商文化。

在古代，一个人要想光耀门楣无疑是要考取功名。所以，普

通人想通过苦读书以达到自己的梦想，可总会有部分人会通过种种办法和手段达到自己预期的目的。中国古代的官文化是比较发达的，其中包含着许多消极成分，如等级制、特权思想、唯命是从等。封建皇帝处于等级金字塔的最顶端，官员根据官职的大小依次排列，上下级之间的关系不是平等的关系，是主子和奴仆的关系，是统治和被统治的关系。在这种等级森严的官僚体制中，一切政务活动都以遵循上级的命令为最高原则，下级对上级只有唯命是从，没有反抗的余地。

我们所说的商文化是建立在平等交换、自由竞争的原则之上，商文化的发展会形成一种契约意识，即以自由、平等、公平、等价为核心的思想意识。这里所说的"契约"不是中国古代的"地契"、"卖身契"之类的契约，是指在经济活动领域内的契约意识，这种意识是建立在等价交换基础上的自由竞争、自由交换的商业行为。在中国的封建社会里，统治者往往采取"重农抑商"的统治政策，因此商人的社会地位极其低下，甚至可以说没有地位。就算到了明清时期出现了资本主义萌芽，但它仍然生长在封建专制主义的夹缝中，受到封建主义的压迫和控制，统治者采取多种措施来抑制它的发展。例如，对商品加收重税，对外闭关锁国，严格控制手工业生产规模等，所以资本主义经济最终没有在中国得以确立。这种状况与中世纪的欧洲正好相反，西欧封建社会发展到中后期，城市也随之发展起来了，它是进行商品交换的主要场所。城市最初由封建领主控制，但随着城市力量的壮大，市民通过英勇的斗争获得了自治权，成了自由人，成了自己的主人，城市人口也随之增加，为城市提供了大量的劳动力和商业机会，富有的商人和手工业者、劳动者之间也随之出现了分化，城市中工商业的发展为资本主义的成长开辟了道路。通过中西方的对比可以发现，对于商人和商业的看法及实施的政策不同，社会发展就会出现不同的走向和趋势。

第三节　封建主义残余在我国社会生活中的危害分析

一、封建专制主义残余是建设社会主义政治文明最大的障碍

要理解社会主义政治文明的发展状况，就必须用历史的、阶级的眼光去看待中国共产党在民主实践方面的历史经验。在新中国成立初期，我党按照民主集中制原则，即少数服从多数的原则，有效地领导了国家的建设和发展，使得国民经济稳步提高、人民生活水平逐步改善，进而取得了举世瞩目的伟大成就。但1957年反右派斗争扩大化后，以阶级斗争为纲取代了以经济建设为中心的前进目标，党内确立了高度集权的行政体制，民主法治

被践踏、生产建设处于停滞状态。"文革"的十年内乱是一场历史性的灾难，使党内民主法治陷入党史上最为深重的危机，社会主义政治文明进程受到严重挫折。

产生这一问题的原因可以归结为多方面，其中最根本的原因是由于中国封建专制主义残余在人们的意识和政治体制领域中依然发生着深刻的作用。这种封建政治专制传统对我们党、国家、人民产生了非常大的消极影响，从而使我们党和人民严重缺乏民主意识和法制观念。因而，在新中国成立以后，虽然我们一直在为建设有我们自己特色的社会主义而努力，并且发扬了人民当家做主的精神，逐步实现了政治的民主化、科学化，但由于政治民主的基础条件十分薄弱，因此民主发展仍然是十分困难的。十一届三中全会以后，我们将建设社会主义民主确立为我们奋斗的重要目标，但民主政治的发展道路仍然是曲折的、艰难的，需要长时间的积累过程。

回顾新中国半个多世纪的发展历程，我们会发现，社会主义民主政治或政治文明建设的主要障碍，要归结于封建专制主义残余的消极作用。邓小平同志在上世纪80年代的讲话中曾经指出，我们党和国家的领导制度中存在着的严重的官僚主义现象、权力过分集中现象、家长制现象、干部领导职务终身制现象，以及各种各样的特权现象，这些弊端是同我国历史上的封建专制主义有密切联系的。邓小平同志还指出，旧中国留给我们的封建专制主义残余比较多，民主法制传统比较少。解放以后，我们也没有自觉地、系统地建立维护人民民主权利的各项政治制度，法制建设还不是很完善，官僚特权现象虽然有时受到批评和打击，但有时又重新滋生，有所抬头。

邓小平同志在改革开放初期的这一重要讲话，以其正确性和科学性表明，我国封建专制主义残余对于人民的影响是十分严重的，过分集权的政治体制对我国的政治民主建设造成的危害是巨大的。这些封建主义遗留的东西，是同社会主义政治文明建设根本对立的，是建设社会主义政治文明必须除去和抛弃的。在社会主义新时期，我们党在抓经济建设的同时，还进行了政治体制的改革，逐步确立了人民在国家政治生活中的主体地位，尊重劳动人民的首创精神，使改革的成果惠及到了所有勤劳的中华儿女。

二、封建主义的残余加速了腐败的滋生

其一，官僚主义作风、个人特权等现象的存在对社会主义建设最大的影响就是滋生腐败。腐败严重阻碍了社会主义政治文明的健康发展，它不断地侵蚀着社会主义的肌体，腐败是和整个社会主义文明背道而驰的。腐败现象的滋生是由多方面的原因所引起的，除了封建主义残余的影响外，还有资本主义腐朽思想的入侵，个人价值观、人生观的扭曲等。当前，腐败现象主要集中地

表现在政治生活领域，从涉足腐败的人员来看，既有高层官员的腐败堕落，又有基层公务人员的腐败存在；从腐败的行为主体来看，既有公务人员个人的腐败，又有集体或组织参与的腐败。

其二，腐败导致政权软化。政权软化主要表现在，有些公务人员不服从规章与命令，并且时常和那些有权势的官员与集团串通一气，甚至进行非法的权钱交易。政权软化的一个突出特点就是对行政过程的随意性控制，那些掌握经济、社会、文化和政治大权的人，利用随意性去牟取暴利。即使有法律的客观约束，他们也不遵守，而是去挑战国法的权威。在政权的软化过程中，制度、法律、规范、条例等都是软约束，因此就出现了有法不依、有规不守的腐败现象。政权软化所造成的后果是相当严重的，软政权导致腐败的产生，反过来腐败又降低了行政工作效率，弱化了政府在社会生活中的权威。假如让这种恶性循环继续下去，那么它所造成的危害是不可估量的。

其三，腐败破坏法制。腐败对法制可以产生极大的破坏作用，它会使社会处于混乱无序的状态，使社会动荡不安，甚至可能导致国家政权的毁灭。自改革开放以来，我国在社会主义法制建设方面已经做了大量的工作，政治体制的透明度在逐渐增强，法制体系在逐步完善，但我们也应该看到社会主义法制存在的一些问题，例如立法滞后于现实的情况仍然存在，法律不能最大限度地覆盖社会的各个角落，从而使有些人钻了法律的空子，给国家和人民的财产造成了巨大的损失。同时在执法过程中有法不依、执法不严的现象常有发生，这就在很大程度上破坏了社会应有的公平，造成了许多冤假错案的产生。这些问题究其根源，都是腐败惹的祸。由于腐败的存在，特权现象猖狂，在现实的生活中，产生了权力大于法律、人情大于法情、人治大于法治的落后现象。所以，要从根本上杜绝腐败产生的现实土壤，保护社会主义法律的尊严，使国家的建设可以有效运转，形成一个和谐的社会。

其四，腐败破坏社会公平与公正。腐败的另一个消极影响就是造成机会和起点的不公平。公平的机会和平等的起点是社会公正的底线，是社会进步的标志，是人民积极发挥创造力的根本保障。然而个别人或群体利用公共权力破坏了社会竞争的基本规则，并通过私自占有公共资源来获得在竞争上的优势，这样从一开始就拉大了社会内部的差距，造成了人与人之间的不平等，也就破坏了社会的基本正义。腐败破坏社会公平集中体现在两方面，一方面表现在，腐败影响资源分配，没有让市场进行应有的资源配置，而是让行政权力占据了主导，这样就造成贫富差距的拉大，影响了共同富裕的进程。另一方面表现在，腐败影响社会心理的稳定，造成了人们心理的动荡，使公众形成了"仇富"、"仇官"的心理，甚至可能引发过激行为，因此可以说，公众心理的稳定是衡量社会稳定的一项重要指标，是社会发展与进步的灯塔。

第五章 封建主义对中国现代化进程的影响

封建主义在中国存在了几千年，在中国的发展过程中有着灿烂的光辉史。随着时代的发展，虽然我们一直想在这种所谓的"天朝上国"的迷梦中不肯醒来，但是外国列强却狠狠地把中国摇醒，告诫我们应该正视现如今的地位，中国已不同往日，我们必须要做出改变，那么在中国的封建主义残余对中国现代化到底意味着什么呢？让我们一起看一下中国的封建主义对中国近代资本主义发展、新中国的社会主义建设，以及人们的思维方式和行为方式有着怎样的影响。

第一节 封建主义桎梏了近代中国资本主义的发展

现如今看来，中国已经进入了现代化的发展进程中，但是在中国的发展历程中，也曾出现过资本主义的萌芽，资本主义萌芽在明朝晚期就出现了，但是一直到清朝晚期，中国资本主义一直处在比较微弱的状态之下，没有得到进一步的发展。西欧从产生资本主义萌芽到进入资本主义社会，大致经历了三个世纪。中国从明朝中期到鸦片战争爆发之前，也大致经历了相同的时间，却没有出现正常的资本原始积累的过程。在这300年的进程中，资本主义萌芽虽然出现了，但在封建统治的压迫下，资本主义萌芽没有得到充分的发展空间，一直处于萌芽状态。

鸦片战争后，中国的国门被帝国主义强制打开。在反抗外来侵略战争失败的影响下，有些中国人开始从"天朝上国"的迷梦中清醒过来。魏源编写了《海国图志》，提出了"师夷之长技以制夷"的口号，主张学习西方先进科学技术。这本书在1850年流传到日本后引起了很大的反响，此书对掀起日本维新变革思想有着不可磨灭的重要作用，但其在中国却反响平平。

在此后20多年的时间中，魏源等人的先进的思想主张根本不被中国封建统治者理睬和重视，中国的统治者仍然在"天朝上国"的迷梦中不肯醒来。第二次鸦片战争爆发后，在帝国主义侵略和国内的农民斗争的双重打击下，封建统治阶级内部的一些开明官僚发动了以"求强"、"求富"为口号的洋务运动。对于长期闭关守国的中国人民来说，洋务运动应当是一次巨大的革命，但是这场革命遭到了封建顽固派的攻击和阻挠，认为引进西方的先进技术的思想是破坏伦理纲常，破坏人心思想，再加上洋务派本身所具有的封建主义性质，最后只能使洋务运动成为封建主义和外国资本主义相结合的畸形的产物，就这样历经30多年的洋务运动最终以失败而告终。

虽然多次遭受外来势力的侵略，中国的封建统治者仍然没有主动地、自发地产生变革的意识和需求。甲午战争后，往日的天朝上国竟然被东洋小国日本打败了，并被迫签下了许多丧权辱国的不平等条约。当中国战败的消息传入国内后，全国上下一片哗然，特别是一些先进的知识分子没办法接受这样的事实。以康有为、梁启超为代表的资产阶级维新派，四处奔波，上书皇帝，号召进行变法。他们希望借助最高的封建统治者光绪皇帝的力量，进行一场自上而下的改革变法运动，以达到国富民强的目的，在中国发展资本主义，用来挽救民族危亡。可是，中国的封建顽固势力对于这样的变法改革仍然不能容忍，在封建顽固势力的大力绞杀下，变法仅仅持续了短短百日就宣布失败了，这就是著名的"百日维新"。

1911年，辛亥革命的先进之士们决心用革命的方式来推翻封建君主专制制度，从而在中国建立起资产阶级共和国，在1912年终于成立了中华民国。但是真正的历史并没有像这些先进者想象的那样发展，中国没有自然而然地走上独立富强自主的资本主义发展之路。虽然皇帝被赶走了，民国成立了，2000多年的君主专制也被推翻了，封建势力也受到了打击，但民主共和仍是人们的幻想，徒有虚名而已，以袁世凯为首的北洋军阀强行窃取革命的果实之后，不断破坏共和，并想方设法恢复帝制，紧接着又出现了张勋复辟的闹剧，中国陷入了集封建官僚与买办于一身的黑暗统治时期。在封建势力和外国势力的联合破坏下，辛亥革命最终以失败告终。直到新中国成立前，中国的现代化进程一直都发展得很慢。从19世纪中期到新中国成立的一个世纪里，中国的现代化运动发展如此缓慢，深层的原因大多是由于思想方面引起的。在这样的以孔孟儒家为主要思想的封建制度下，中国逐步形成了完善的封建君主专制制度，尽管这种儒家文化在历史上发挥过积极的历史作用，但是到了明清时期，这种传统的儒家封建思想已经跟不上时代的发展需要，很难实现从封建主义向近代社会的转变。在儒家的"天下国家"和"夷夏大防"的核心价值观的支配下，大多数中国人还未形成从根本上进行变革的观念。他们已习惯于用旧的思想内容去处理新的变化，基本不考虑运用新的思想。这种传统的文化使中国故步自封，过于保守，不能主动地去接受外来的新鲜事物，不仅错过了18世纪和19世纪下半期的变革运动，而且使自己越来越跟不上时代的步伐。面对中国这样的现实情况，陈独秀认为根本原因是中国社会赶不上世界的变化，天朝上国的虚骄使中国只能沿着器械—制度—文化这一曲折的道路缓慢地发展，而不能从价值观念这一文化的根本入手。因此陈独秀强调："伦理的觉悟，为吾人最后觉悟之最后觉悟。"鲁迅则更为深刻地指出："此后最要紧的是改革国民性，否则，无论是专制，是共和，是什么什么，招牌虽换，货色照旧，全不行的。"中国近代百年的变革之所以如此艰辛与缓慢，主要是因为封建主义从经济、政治制度和文化思想上，一开始就阻碍了资本主义制度的发展，使得中国的资本主义一直处在萌芽状态。

在半殖民地半封建的社会中，西方强国不可能让中国有个顺利发展的社会环境，这就使中国的资本主义得不到足够的空间发展，发展进程很缓慢。进入民国以后，中国的资产阶级发出了进行产业革命的呼声："建设我新社会以竞争存胜，而所谓产业革命者，今也其时矣。"中国社会发展的主力军变成了私人的资本主义。荣宗敬兄弟的申新纱厂、简照南兄弟的南洋兄弟烟草公司这一类型的企业就是典型的例子，它们也是近代中国资本主义企业的主体。这就表明，只要与中国的历史相联系，还是可以看出中国资本主义的发展历程。如果这一点得到确认，那么，在研究中国资本主义发展史的问题上，不但要承认荣宗敬、简照南这一类民族资本家的地位，也应该承认张謇、周学熙的地位，还应该承认盛宣怀的地位，因为他们各有优于前人之处。即便是李鸿章、张之洞这些洋务官僚，他们虽然不能承担发展中国资本主义的历史任务，但是和顽固不化的保守派官僚比起来，也对中国的发展起着重要的作用，不能把阻碍中国资本主义发展的责任全部推卸到洋务派的身上。不仅如此，也不能把李鸿章、张之洞以及盛宣怀乃至张謇、周学熙创办的企业，都说成是和民族资本主义对立的官僚资本主义的产物。换一种说法就是，这些企业都属于近代中国的资本主义企业，是半殖民地半封建社会条件下产生的中国资本主义企业。那么中国的民族资本主义在广泛的涵义下也可以规定为外国资本主义在中国的对立物，这些第一代民族资本现代企业都是在半殖半封的社会中成长起来的。在这样特定的环境下，中国的资本主义产生了，但是与此同时，这样的资本主义也不可避免地带有社会的弊病，中国的民族资本主义不可能完全地脱离当时中国的环境。无论是对中国近代资产阶级人物的评价，还是对中国近代资本主义企业的评价，都应该与当时的时代背景相联系。总之，中国的民族资本主义对于中国的资本主义发展来说，其功绩是有目共睹的。

第二节 封建主义是造成新中国社会主义建设重大挫折的重要因素

新中国的成立让中国进入了一个新的快速发展时期，在中国共产党的正确领导下，中国的现代化发展在各个方面取得了优异的成绩。但是在取得巨大成绩的同时，中国的现代化也经历了许多次挫折，尤其是"大跃进"和"文化大革命"，是影响我国现代化进程的最大的两次挫折，给新中国的现代化建设造成了严重创伤。"大跃进"运动是我们党探索社会主义建设新道路的新尝试，结果不但没有找到一条新路，反而走入了一个误区。然而导致"大跃进"和人民公社化运动发生的传统封建思想文化因素常常被人们所忽视。"大跃进"运动从产生到发展，都有广泛的群众基础，否则是很难形成如此大规模的全民运动的。这个基础主要就是一种普遍的平均主义思想意识，但是它还夹杂了个人崇拜、轻视知识、浓厚的小农意识、官僚主义封建思想等毒素成分，从普通群众到党的高层干部都受到了它们的影响，以至于人们都盲目参与和支持这项运动。

"文化大革命"对中华民族的影响，更是一场大灾难，它使中华民族内部受到了严重的伤害，并且对中国后来的现代化进程也造成了巨大的伤害。"文化大革命"的发生当然有着其深刻的思想文化原因。但是，封建主义残余的影响和作用也是绝不能忽视的因素。"林彪所倡导的和'四人帮'一样，都与中国的封建主义有着密切关系"。当时众多中国普通民众有着盲从、个人崇拜的共同心理。很多人都搞不清什么是社会主义、资本主义、封建主义，以致错把一些小资产阶级的、封建主义搞的冒牌社会主义当作马克思主义的科学社会主义，把林彪、"四人帮"施行的一套反动政策误认为正确的并且加以接受，不认为他们的一系列的卑鄙手段是错误的，反而加以欣赏。在这样的条件下，无论在心理素质上还是思维习惯上，封建传统力量都为"文化大革命"

奠定了社会心理基础，这也是造成封建主义残渣泛起和"四人帮"如此猖狂的另一个因素。陈腐的封建主义毒瘤，凭借着最革命的口号和最激烈的行动，最终得以大规模地展开。这就表明，这样的以小农意识为主的封建意识，对中国的社会变革造成了阻碍。对于现如今已经逐步发展起来的中国来说，它的幽灵仍在到处游荡，给社会主义的中国现代化建设带来了一次又一次的挫折。

从建国之后，我国一直在逐步进行社会主义革命和建设。在这半个多世纪的时间里，无论国外发生了怎样的变化，中国一直都在按着自己的规划，逐渐完成自己的变革，虽然在中国的社会主义探索中，出现很多坎坷，也犯过一些错误，但是实践证明，只有社会主义才能救中国，只有社会主义才能使中国富强起来。在中国共产党召开十一届三中全会以后，人们也确实体验到了中国社会主义给人们带来的胜利果实。但是，在我们回顾过去，展望未来的时候，也发现在这条道路上我们做得确实还有很多不足。改革开放以来，在由传统社会主义模式转向有中国特色社会主义的这段时间里，封建迷信不时抬头，市场经济有时会遇到困难，腐败现象不断出现。在这样的背景下，人们在不同的方面做出的解释也不一样。在当前，有两种观点是主流，一种人声称，在中国，社会主义社会的特征就是中国封建主义无处不在。另一种人则提出，中国的封建主义就是我们现如今所说的社会主义初级阶段。那么现在,我们就面临一个重大的理论与实际问题,如何理解中国社会主义制度下的封建主义社会。

1978年,中国共产党十三大召开,系统论述了社会主义初级阶段的科学理论。这是建国以来党的历史上具有深远意义的伟大转折,也是共和国历史上的一个伟大转折。它从根本上冲破了"左"倾错误的束缚,重新确立了马克思主义的思想路线、政治路线和组织路线,又一次解决了"中国向何处去"的问题,成为开辟有中国特色社会主义道路,开创中国社会主义事业发展时期的伟大转折。党的十三大报告在分析我国的基本国情时指出,十亿多人口,八亿在农村,基本上还是用手工工具搞饭吃;一部分现代化工业,同大量落后于现代水平几十年甚至上百年的工业,同时存在;一部分经济比较发达的地区,同广大不发达地区和贫困地区,同时存在;少量具有世界先进水平的科学技术,同普遍的科技水平不高、文盲半文盲还占人口近四分之一的状况,同时存在;生产力的落后,决定了生产关系方面,发展社会主义公有制所必需的生产社会化程度还很低,商品经济和国内市场很不发达,自然经济和半自然经济占相当大的比重,社会主义经济制度还不成熟、不完善。在上层建筑方面,我们并没有充分的建设社会主义初级阶段的思想政治基础,封建主义、资本主义腐朽思想和小生产习惯势力在社会上还有广泛的影响,并且经常侵袭党的干部和国家公务员队伍。这就表明,我们现如今仍处在社会主义初级阶段，这是一种实事求是的分析，是科学的历史定位。以此为依据制定出来的路线、方针、政策，对于消除超越历史发展阶段、好高骛远的弊端，对于激励全国人民艰苦创业，实现中华民族的伟大复兴，有着极其重要的现实意义。然而，却有人持反对意见，不能正确地理解社会主义初级阶段。

那么我们应该怎样对待改革开放，怎样对待以市场经济为主的社会主义初级阶段呢？有两个方面我们需要做：首先，从客观上看，我国是从半殖民地半封建的落后农业国进入到社会主义的，但是马克思主义创始人所设想的社会主义却是在高度发达的资本主义社会基础上产生的，如此看来，在我国社会主义的自身发展中，由于受生产力发展水平的制约，必然要经历一个马克思主义创始人所没有设想到的初级阶段。其次，在思想理论上，建设有中国特色社会主义的理论基础，是中国共产党人在马克思主义思想的指导下，经过大胆探索而形成的独特创造。在社会主义发展史上，经济文化落后国家单独进行社会主义革命的问题最先是由列宁领导的布尔什维克解决的，他们因此为科学社会主义理论的发展作出了巨大的贡献。根据中国的国情，以毛泽东同志为代表的中国共产党人，成功地解决了在一个落后的农业大国里进行革命的道路问题，丰富了科学社会主义的理论宝库。中国共产党的第二代领导集体以邓小平同志为代表，在总结我国社会主义建设的经验教训的基础上，以社会主义初级阶段理论为基点，提出了一系列建设有中国特色社会主义的理论和观点，进而为正确解决在落后的农业大国进行社会主义建设奠定了科学的理论基础，在新的历史时期，丰富了马克思主义。

党的十三大报告指出："在近代中国的具体历史条件下，不承认中国人民可以不经过资本主义充分发展阶段而走上社会主义道路，是革命发展问题上的机械论，是右倾错误的重要认识根源；以为不经过生产力的巨大发展就可越过社会主义初级阶段，是革命发展问题上的空想论，是'左'倾错误的重要认识根源。"我们在面临革命的发展问题时，一定要警惕机械论和空想论，一定不要用早期马克思主义者的观点来教条式地解决现实问题。无论是在生产力问题上还是在发展阶段问题上，不要错误地认为我们现在的社会主义不符合马克思主义者所设想的目标就说我们不是社会主义，或者错误地认为我们的生产力已经达到了早期马克思主义者所设想的阶段。这都与实事求是的思想原则相违背。这两种思想一种为封建主义服务，一种为全盘西化服务。我们现在属于社会主义初级阶段，但是我们是社会主义不是资本主义，同时更要坚决地反对封建主义。社会主义初级阶段要求我们长期坚持社会主义，但同时要看到我们的国情。社会主义初级阶段是一个漫长的过程，我们一定不能妄想越过这个阶段，但最重要的是我们要坚持社会主义。党的十三大指出："社会主义初级阶段包括为五个方面的转变，即'是逐步摆脱贫穷、摆脱落后的阶段；是由农业人口占多数的手工业劳动为基础的农业国，逐步变为非农业人口占多数的现代化的工业国的阶段；是由自然经济半自然经济占很大比重，变为商品经济高度发达的阶段；是通过改革和探索，建立和发展充满活力的社会主义经济、政治、文化体制的阶段；是全民奋起，艰苦创业，实现中华民族伟大复兴的阶段'。"同时指出封建主义对我国影响太深刻，我们只能通过社会主义精神文明建设来逐步有序地消灭它，但是受历史条件的影响，这个任务在短时间内是无法完成的，我们要正视这个现实。

党的十五大报告把我国社会主义初级阶段更进一步地概括为九个方面的转变，即"是逐步摆脱不发达状态，基本实现社会主义现代化的历史阶段；是由农业人口占很大比重、主要依靠手工劳动的农业国，逐步转变为非农业人口占多数、包含现代农业和现代服务业的工业化国家的历史阶段；是由自然经济半自然经济占很大比重，逐步转变为经济市场化程度较高的历史阶段；是由文盲半文盲人口占很大比重、科技教育文化落后，逐步转变为科技教育文化比较发达的历史阶段；是由贫困人口占很大比重、人民生活水平比较低，逐步转变为全体人民比较富裕的历史阶段；是由地区经济文化很不平衡，通过有先有后的发展，逐步缩小差距的历史阶段；是通过改革和探索，建立和完善比较成熟的充满活力的社会主义市场经济体制、社会主义民主政治体制和其他方面体制的历史阶段；是广大人民牢固树立建设有中国特色社会主义共同理想，自强不息，锐意进取，艰苦奋斗，勤俭建国，在建设物质文明的同时努力建设精神文明的历史阶段；是逐步缩小同世界先进水平的差距，在社会主义基础上实现中华民族伟大复兴的历史阶段"。我们应当看到，在社会主义初级阶段我们必须充分地利用世界的一切文明成果消除封建主义残余，例如等级制、君主专制、地主阶级的土地私有制、封建的宗法关系以及人身依附关系等。我国人口太多，经济基础很薄弱，生产力极度不发达，地区发展很不平衡，封建主义对整个社会的影响还很大。但是只要我们始终坚持运用社会主义法治来打击封建主义，坚持马克思主义的唯物史观，不这个任务一定能够完成。

在西方社会，人类社会进入文明发展阶段是伴随着资本主义发展而来的。资本主义占据统治地位的同时，挖掘了自己的坟墓并产生了科学社会主义理论。西方资本主义经过原始积累、自由发展、垄断等阶段，进入了资本主义高度发达时期。而就东方社会而言，资本主义取代封建主义的历史进程由于系统完备的封建制度而变得十分缓慢。封建主义与资本主义相混合的社会制度，一直到帝国主义列强用枪炮护送着资本主义冲入的时候才不得不出现。同时，东方社会还萌发了科学社会主义的因素——现代资本主义的社会化大生产与现代无产阶级。所以就不得不把封建主义与资本主义的混合社会，定位为社会主义的起点。

现实社会主义不但与资本主义有着直接的取代关系，同时与封建主义也进行着直接斗争。我国虽然消灭了作为陈旧制度的封建主义和资本主义，但是，在社会主义建设中，资本主义落后思想和封建主义残余都对社会主义具有破坏作用。目前，在一些地区、一些部门、一些人的身上，还隐约浮现着封建主义的倒影。它与国家制度和时代主题都是背道而驰的。改革开放以来，在一些领域散发出来的封建主义腐朽气息，只不过是转型时期，尘封已久的尸体忽见空气的分解反应，是特殊条件下的历史折射。这些不是社会主义的必然，也不是我国社会主义制度自身所产生的结果，更不是我国社会主义制度的本质特点。

第三节　封建主义残余思想制约着当代中国现代化进程的顺利发展

十一届三中全会以后，中国走上了改革开放之路。由此，新中国的现代化建设进入了一个保持30年的快速发展的新时期，改革开放不但使中国现代化建设走出了危机，而且取得了巨大的成绩。然而，我们应该清楚地知道，中国在现代化的道路上迅速前进时，其阻力依然是传统观念。积淀于人们头脑中的陈旧的社会文化心理和落后的价值观念，尤其是根深蒂固的、保守而落后的封建主义思想意识依然充斥于社会的角角落落。它沉淀在现代中国人意识的深层结构里，时至今日仍在深刻地影响着人们的行为方式和思维方式。专制迷信、官本位思想、封闭僵化、保守、依附盲从、不讲效率、凡事好古、妄自尊大等具有封建主义色彩的传统旧观念，依然牢牢刻在人们的头脑中。这些思想和观念，既与资本主义是相对立的，又与社会主义是相对立的。它们在社会主义市场经济建设、社会主义民主政治建设和社会主义先进文化建设道路上起到了严重的阻碍作用，必然导致社会风气恶化、党风败坏、党员干部的思想堕落、腐败现象不断蔓延，会严重制约社会主义现代化建设。

世界各国现代化进程的实践表明，假如人们的思想观念和价值观念不能随着日益变化的社会经济状况而变化，其思想观念必然会落后于社会，思想意识的普遍落后反作用于社会发展，势必阻碍社会的发展。因为"现代化的一个非常重要的因素，就是用与社会进程相适应的新的思想观念来代替陈旧的思想观念"。人类的现代化史，就好似一部展现人类心理觉醒过程的历史教科书。在第二次世界大战以来，许多致力于实现现代化的发展中国家，进行了移植现代化的尝试。它们以为把外来的先进技术嫁接到自己的体系上，就会结出现代化的丰硕的花朵。最终，它们收获的却是失败和沮丧。在经历了长久的现代化阵痛和难产后，这些国家逐渐意识到，假如国民的心理和精神还被传统的思想观念所约束，那么经济与社会的发展就肯定会受到严重的制约。时至今日，这种现状还是屡见不鲜的。美国学者英格尔斯总结这种现象时说，沉痛的教训让一些人开始体会和感悟到，那些完善的现代制度以及随之而来的指导大纲、管理守则，本身是一些空的躯壳。如果一个国家的人民缺乏一种能赋予这些制度以充实生命力的广泛的现代心理基础，如果执行和运用这些现代制度的人，自身还没有从心理、思想、态度和行为方式上经历一个向现代化的转变，失败和畸形发展的悲剧结局是不可避免的。再完美的现代制度和管理方式、再先进的技术工艺，也会在一群传统人的手中变成废纸一堆。应该引起我们重视的是，在人口众多的中国农村，传统的小农意识依然浓厚。长期历史进程中形成的农民小生产者的思维方式、价值观念和文化心理，至今仍然影响和支配着许多农民的头脑。当然，在城市里，也有一大部分工人、干部和知识分子的头脑中不同程度地存在着这种落后的思想意识，这是由中国小农意识的普遍性和广泛性造成的，这是中国现代化进程中最难解决的问题，也对中国进行现代化的政治、经济、文化和社会建设产生了很大的障碍。如果农民的意识最终没有走向现代化，"三农"问题就难以解决，也难以取得实质性的进展。马克思曾经深刻地指出："除了现代的灾难以外，压迫着我们的还有许多遗留下来的灾难，这些灾难的产生，是由于古老的陈旧的生产方式以及伴随着它们的过时的社会关系和政治关系还在苟延残喘。不仅活人使我们受苦，而且死人也使我们受苦。死人抓住活人！"消灭封建主义残余，是当今中国现代化建设中需要面临和解决的巨大问题。由此看来，对封建主义我们必须保持清醒的认识，绝不能轻视或忽视它的影响，必须采取有力措施，进一步清除封建主义残余力量。

第六章　思想文化视角的对策思考

　　封建主义及其影响导致当今中国出现了许多消极的现象，其根源来源于封建主义残余的存在。其重大影响不仅体现在政治体制和经济体制方面，还体现在思想文化上。中国在改革开放过程中一度被广大人民群众热议的一些不正之风，主要的根源也源于封建主义的影响。从思想维度来看，一些落后的封建传统观念还是深深地扎根于人民的潜意识中，甚至成了广大民众社会生活的重要组成部分。在一定程度上封建主义仍然有广泛的社会基础，因此，封建主义及其影响仍然是值得我们继续加以关注的问题，同时它们也是我国在继续深化改革过程中遇到的思想障碍之一。要肃清中国现实社会生活中的封建主义残余，不仅要大力发展社会生产力，提高科学技术水平，还要对现存的某些制度和政策进行深入的思考和改革。从长远来看，更需要在普及现代化教育的基础上对封建主义思想进行批判和引导，因为这是构建社会主义精神文明建设的重要任务之一。下面我们主要从三个方面来进一步探索解决这个问题的对策。

第一节　在经济建设上要划清科学发展观与小生产意识的界限

科学发展观是对马克思主义、毛泽东思想、邓小平理论、"三个代表"重要思想关于发展问题的继承和发展，是反对小生产意识的强大思想武器。要用科学发展观来武装全党和教育人民，就要真正树立"以人为本，全面、协调可持续"的发展观，坚决反对小富则安、政绩工程、因循守旧、地方保护、破坏生态等小生产观念。

科学发展观是中国特色社会主义理论体系的最新成果，是我国经济社会发展的重要指导方针，是发展中国特色社会主义必须坚持和贯彻的重大战略思想。深入贯彻落实科学发展观，就是高举中国特色社会主义伟大旗帜，就是走中国特色社会主义道路，就是坚持中国特色社会主义理论体系。学习贯彻落实十七大精神的关键，就是要全面把握科学发展观的科学内涵和精神实质，冲破一切不适应、不符合科学发展观的思想和观念，切实把科学发展观的要求落实到工作的方方面面。

要坚决突破封建意识。科学发展观所追求的是以人为本、是以现代公民意识为支撑的现代意义的发展。我们国家经历了数千年的封建思想统治，所以封建思想根深蒂固。封建意识主要表现在官本位思想和宗法思想上。官本位思想往往会产生官僚主义和集权主义不正之风，而宗法思想往往会产生家长制作风和帮派习气。以上观念都是与以人为本的科学发展观所格格不入的。要想从封建意识残余的束缚中解放出来，就得不断深入和强化群众利益至上的观念，树立社会主义民主法治、公平正义、诚信友爱等理念，从而以民意为基础来进行民主决策，以科学为依据来进行科学决策，以法律为规范来进行依法决策，进而以民生为归宿，使权力在阳光下、在科学的轨道上规范运行。

要坚决突破小农意识。科学发展观所追求的发展，是建立在与传统自然经济模式相对立的社会主义市场经济体制基础上的发展。小农意识是历史的惯性带给我们的心理沉淀，主要表现为小进则满、小富则安，重守土、轻离乡，重和气、怕竞争，重守成、怕创新等方面。在全球化的今天，社会发展已进入信息化和全方位竞争的时代，要想深入贯彻落实科学发展观，必须真正从小农意识的束缚下解放出来。要有全球视野和世界眼光，摆脱传统经验主义的惯性和惰性对我们的影响，将改革创新作为主导战略，善于探索和吸收一切发达国家和地区的先进的价值理念和管理经验的精华，从区域经济和全球经济发展的角度为当地的经济和社会发展找到更加广泛的资源和市场空间，从而把握发展大势、洞悉发展规律、创新发展思路，用以推动我国的物质文明、政治文明、精神文明、社会文明和生态文明建设的进一步发展。

第二节　在政治建设上要划清民主法治与封建宗法残余的界限

坚持中国特色社会主义政治发展道路，就必须坚持党的领导、人民当家作主和依法治国的辩证统一。逐步稳妥深化政治体制改革，发展社会主义民主，完善社会主义法制，强化人民民主监督。要肃清封建主义残余思想的影响，一定要划清民主法制和封建宗法残余的界限，要坚决查处买官卖官的现象，整肃吏治，严肃政风，整顿官场文化，建设党政机关廉政高效新风尚。

首先必须铲除腐朽思想文化赖以生存的土壤，要大力推进社会主义民主法治建设的进程，不断发展和完善社会主义市场经济体制，坚持国家宏观调控与市场自主调节相结合的原则，努力克服市场经济的盲目性、自发性和滞后性等天然缺陷，最大限度地减少或消除这些缺陷所带来的负面作用及其对人们思想的影响。大力推进社会主义民主法治建设，就要从制度上保证经济社会生活的科学化、民主化、法制化，严格执行文化市场监管的一系列法律法规，坚决地纠正和杜绝执法不严、违法不究等现象，从而使文化场所成为传播社会主义精神文明的主阵地，绝不为腐朽思想文化的残存和传播提供任何一点可能的空间。

除此之外还要大力加强社会主义民主和法制的宣传教育活动，从而提高全体公民的民主法治意识。要通过各种渠道进行民主法制宣传，来唤醒广大人民群众的民主意识，积极地维护自身合法权益，强化民主监督的意识；教育各级领导干部，特别是和群众联系密切的基层领导干部，要知法、守法，严格依法行政，提高基层领导干部的依法执政的能力和水平。大胆借鉴和吸收人类政治文明建设的一切有益成果，既然社会主义政治文明是人类有史以来最先进的政治文明，那么我们就应该批判地吸收和借鉴资产阶级政治文明中一切有益于我们的东西，取其精华，弃其糟粕。比如我们不能搞资产阶级的三权分立，但可以借鉴其中权力相互制约的合理思想，从而建立起具有中国特色的社会主义权力制约监督体制，并以此来解决权力运行过程中因失去监督而导致的腐败问题。

针对封建主义在政治领域的残余影响，实践证明：只有推进政治体制改革，加快建立高度民主、法制完备、廉洁高效、决策科学的政治体制，才能彻底肃清封建专制主义对社会主义政治文明进程的影响。结合我国国情，推进政治体制改革，一是要正确处理好加强党的领导与推进依法治国的关系，使党在国家法律范围内活动；二是政府要转变执政方式，改进执政方法，提高执政水平；三是积极发展党内民主，进一步健全和完善党内的民主集中制，推进决策的民主化和科学化；四是积极扩大基层民主，通过基层民主推动整个民主政治的发展。只有这样才能划清社会主义民主法制与封建宗法残余的界限，更好地消除封建主义的消极影响。

第三节　建设社会主义先进文化抵制腐朽封建主义思想的侵蚀

封建主义腐朽思想文化，主要指封建等级观念、特权思想、宗法观念、行帮观念、男尊女卑观念、"三纲五常"和"三从四德"的伦理，以及迷信、愚昧、颓废、庸俗的遗风等。新中国成立后，在进行社会主义革命、建设和改革的实践中，我们党始终重视肃清封建主义、资本主义腐朽思想文化的影响，并且取得了显著的成效，积累了丰富的经验。但是在思想文化领域肃清封建主义腐朽思想文化的影响，却仍然任重而道远。

腐朽的封建主义思想文化在社会现实生活中的影响是显而易见的，对此我们必须保持头脑清醒，充分认识其危害性。腐朽思想文化是民族精神的腐蚀剂，在一定程度上具有消解民族精神的功能。因此，我们应该给予高度的重视，如果我们对其听之任之，采取放任自流的态度，就会摧毁全国各族人民团结奋斗的精神风貌，对中华民族的安全会构成巨大的威胁。腐朽思想文化是一些党员、干部腐败变质的重要思想文化根源，会侵蚀我们党的健康肌体，同时也是滋生腐败的温床和土壤。如果我们丧失警惕，就会严重损伤党与人民群众的血肉联系，将会严重影响党的执政地位的巩固和执政使命的实现。腐朽思想文化腐蚀人们的精神，动摇人们的信念，扭曲人们的心灵，是一切社会丑恶现象的祸根所在，它必然会败坏社会风气，损害正常的经济社会秩序。因此，在全面建设小康社会、加快推进社会主义现代化进程的关键阶段，防止和遏制腐朽思想文化的滋长和蔓延，防止和消除腐朽思想文化的传播渗透，是必须认真解决的一项历史性课题。

如果先进文化不去占领思想文化领域，落后和腐朽的文化必定会去占领它。要从根本上铲除腐朽思想文化的影响，一方面要通过加强社会主义经济、政治、文化、社会的建设，来逐步铲除腐朽思想文化存在的条件和土壤；另一方面则要从思想上提高认识，积极引导人们自觉地划清社会主义思想文化同封建主义、资本主义腐朽思想文化的界限，进而增强抵御腐朽思想文化的免疫力和战斗力。

要抵制腐朽封建主义思想文化的侵蚀，就必须加强社会主义先进文化建设，增强中国特色社会主义文化的开放性和包容性。始终坚持以马克思主义为指导，努力建设具有中国特色、中国风格、中国气派的社会主义先进文化，不断满足广大人民群众日益增长的文化需求。注重从中国特色社会主义的伟大实践中捕捉灵感、汲取智慧，大力推进文化创新，使社会主义先进文化能够充分反映不断发展的中国特色社会主义实践的新要求。划清文化遗产中精华同糟粕的界限，既继承弘扬中国优秀文化传统，又汲取人类社会创造的一切优秀文明成果，不断增强中国特色社会主义文化的开放性和包容性。在社会主义先进文化建设中，尤其要注重社会主义核心价值体系建设，不断增强社会主义核心价值体系的理论魅力和实践效果，使其成为抵制腐朽思想文化侵袭的中流砥柱。

增强阵地意识，构建完善的社会主义文化传播体系至关重要。面对迅猛发展的科技革命和新的大众媒体的出现，在文化传播领域抢占制高点，是当前抵制腐朽思想文化侵蚀的一项刻不容缓的艰巨任务。我们必须站在时代的高起点上推动文化内容形式和传播手段的创新，运用高新技术改进文化生产方式，培育新的文化业态，加快构建传输快捷、覆盖广泛的社会主义思想文化传播体系，不断增强社会主义思想文化的吸引力、感召力和凝聚力，推动社会主义文化走向大发展、大繁荣。

知识链接

拜金主义

拜金主义是一种在近代兴起的价值观，持此观念的人认为"在社会上，无钱万万不能"、"金钱至上"，这种价值观被认为起源于资本主义鼓励人类追求自我物质利益的思想主张，而许多广告也被认为有助长社会整体拜金主义风气的作用。拜金主义经常引起许多批评，尤其被保守派的人士抨击为造成现代社会物欲横流、道德沦丧的象征之一。批评者认为，拜金主义者太过强调金钱的重要性，以致拜金主义者变得唯利是图，对许多事物经常只看得到表面，看不到其内涵，精神层面也极为空虚。然而也有人认为，追求更好、更富裕的生活是所有人类的本性，而拜金主义不过是在现代资本主义社会的风气下，人类此种本性的一种反映而已。

辩证法

辩证法是关于对立统一、斗争和运动、普遍联系和变化发展的哲学学说，源出希腊语"dialego"，意为谈话、论战的技艺，指一种逻辑论证的形式。现在用于包括思维、自然和历史三个领域中的一种哲学进化的概念，也用来指和形而上学相对立的一种世界观和方法论。

辩证唯物主义

辩证唯物主义，是马克思、恩格斯批判地吸取德国古典哲学——黑格尔的辩证法的"合理内核"和费尔巴哈唯物论的"基本内核"，在总结自然科学、社会科学和思维科学的基础上创立的系统科学的逻辑理论思维形式，是一种以马克思和恩格斯学说来研究现实的哲学方法，是用"辩证的观点"和"唯物论的观点"解释和认识世界的理论。一般认为"辩证唯物主义"和"唯物辩证法"在本质上是一致的。

辩证唯物主义的基本观点有：1.唯物主义认为，物质是第一性的，意识是第二性的。世界的本原是物质，世界的万事万物都是物质派生出来的。2.物质世界是按照它本身所固有的规律运动、变化和发展的。规律是客观的，是不以人的主观意志为转移的。3.辩证的唯物主义观点是相对于机械唯物主义而言的，即将辩证法与唯物主义相结合。

不可知论

　　不可知论是一种唯心主义的认识论，认为除了感觉或现象之外，世界本身是无法认识的。它否认社会发展的客观规律，否认社会实践的作用。不可知论最初是由英国生物学家T.H.赫胥黎于1869年提出的。不可知论断言人的认识能力不能超出感觉、经验和现象的范围，不能认识事物的本质及发展规律。在现代西方哲学中，许多流派从不可知论出发来否定科学真理的客观性，否认认识世界的可能性或者否认彻底认识世界的可能性。

簿记

　　簿记是为了管理经济主体因经济交易而产生的资产、负债、资本的增减，以及记录在一定期间内的收益和费用的记账方式。一般说到簿记是指复式的商业簿记。

德国古典哲学

　　德国古典哲学一般是指康德、费希特、谢林、黑格尔和费尔巴哈的哲学，是代表西方近代哲学的最高阶段。它继承了由德国哲学家莱布尼茨代表的唯理主义倾向，同时又受到了苏格兰启蒙运动中著名哲学家休谟的经验主义和怀疑论的影响，此外，以莱辛、歌德为代表的启蒙运动文学也对德国古典哲学起到了相当程度的影响。（斯宾诺莎的宿命论思想有时也被认为是德国古典哲学的重要思想来源之一。）在这些思想的共同影响下，德国古典哲学家总结并探讨了一系列哲学上的重大问题，尽管他们中的多数经常被泛泛地认为是唯心主义者，但他们的主张却不是统一的。

康德是一个二元论者和不可知论者，他为了调和唯理主义和经验主义，提出了自己的批判哲学。费希特则持有一种主观唯心主义（后期也被认为倾向于客观唯心主义），谢林和黑格尔有时候被认为是客观唯心主义者，但事实上他们的意见是非常不同的。直到费尔巴哈以一种唯物主义的观点对黑格尔宏大的形而上学体系提出抨击，从而终结了德国古典哲学。

德国古典哲学具有抽象性和思辨性的特点，同时它也是马克思主义的三个理论来源之一。此外，它提出了包括认识论、本体论、伦理学、美学、法哲学、历史哲学以及政治哲学等领域的各种重大问题和范畴，标志着近代西方哲学向现代西方哲学的过渡。

等价形式

当商品A通过不同种商品B的使用价值表现自己的价值时，它就使商品B取得了一种特殊的价值形式，即等价形式。

第二次工业革命

第二次工业革命，也称第二次科技革命，是指1870年至1914年的工业革命。其中西欧和美国以及1870年后的日本，工业得到飞速发展。第二次工业革命紧跟着18世纪末的第一次工业革命，并且从英国向西欧和北美蔓延。第二次工业革命以电力的大规模应用为代表，以电灯的发明为标志。

第二国际

第二国际，即"社会主义国际"，是一个工人运动的世界组织。1889年7月14日在巴黎召开了第一次大会，通过《劳工法案》及《五一节案》，决定以同盟罢工作为工人斗争的武器。组织后因第一次世界大战爆发而解散，其后伯尔尼国际成立并作为实体运作。第二国际所做出影响最大的动作包括宣布每年的5月1日为国际劳动节，宣布每年的3月8日为国际妇女节，并创始了八小时工作制运动。当今世界最大的政党组织"社会党国际"实际上为其延续，在二战后的1951年成立，成员均为原第二国际成员。

第一国际

第一国际，即国际工人联合会，1864年由英、法、德、意四国工人代表在伦敦开会成立，马克思代表德国工人参加该组织的工作，并逐渐用"科学社会主义"理论作为组织指导思想。由于会名太长，有时人们取它的第一个单词"International"代指，简称为"国际"，历史上即称为"第一国际"。1871年，第一国际法国支部参加并领导了巴黎公社运动。但是随着巴黎公社的失败，第一国际也日渐衰弱，1876年正式宣布解散。

俄国二月革命

　　俄国二月革命是1917年3月8日于俄罗斯发生的民主革命，是俄国革命的序幕。其即时结果就是沙皇尼古拉二世被迫退位，俄罗斯帝国灭亡。二月革命结束了封建专制的统治，之后出现了两个政权并立的局面，即资产阶级临时政府和苏维埃政权。后又因为临时政府的措施不当，爆发了十月革命。以列宁为首的苏维埃政权控制了局面。二月革命为俄国无产阶级反对资产阶级、争取社会主义的斗争创造了有利的条件。发生在第一次世界大战期间的二月革命的胜利，促进了欧洲各国被压迫人民和被压迫民族反对帝国主义战争、反对本国反动政府、争取民主权利和民族解放的革命运动的高涨。

法国1789年的资产阶级大革命

　　法国大革命，又称法国1789年的资产阶级大革命，是1789年在法国爆发的资产阶级革命，法国的政治体制在大革命期间发生了史诗性的转变：统治法国多个世纪的绝对君主制与封建制度在三年内土崩瓦解，过去的封建贵族和宗教特权不断受到自由主义政治组织和平民的冲击，传统观念逐渐被全新的天赋人权、三权分立等民主思想代替。

法国大革命始于1789年5月的三级会议。革命的头一年，第三等级的革命民众在6月发表了《网球场宣言》，7月攻占了巴士底狱，8月凡尔赛妇女运动迫使法国王室在10月返回巴黎。之后几年不断出现自由集会和保守的君主制度改革。1792年9月22日，法兰西第一共和国成立，路易十六在次年被推上了断头台。不断出现的外部压力实际上在法国革命中起到了主导作用，法国革命战争从1792年开始，取得了一个世纪以来法国未曾取得的胜利，并使法国间接控制了意大利半岛和莱茵河以西的领土。在国内，派系斗争及民众情绪的日益高涨导致了1793年至1794年恐怖统治的产生。罗伯斯庇尔和雅各宾派倒台以后，督政府于1795年掌权，直到1799年拿破仑上台后结束。

　　关于法国大革命的结束时间尚存争议，正统观点认为1799年的雾月政变为革命终结的标志；另有观点认为1794年7月雅各宾派统治的结束为革命的终结；还有观点认为1830年七月王朝建立是革命终结的标志。

　　现代社会在法国革命中拉开帷幕，共和国的成长、自由民主思想的传播、现代思想的发展以及国家之间大规模战争的出现都是此次革命的标志性产物。在作为近代一场伟大的民主革命而受到赞扬的同时，法国大革命也因其间所出现的一些暴力专政行为而为人诟病。革命随后导致了拿破仑战争、两次君主制复辟以及两次法国革命。接下来直至1870年，法国在两次共和国政府、君主立宪制政府及帝国政府下交替管治。

历史学家、《旧制度与大革命》的作者托克维尔则认为，1789年法国革命是迄今为止最伟大、最激烈的革命，代表法国的"青春、热情、自豪、慷慨、真诚的年代"。

封建主义

封建主义包括三个方面：一是指封建专制制度，包括政治、经济制度在内的整个社会制度；二是指意识形态；三是指以封建主义思想为指导，为建立或复辟封建专制制度而进行的活动。三者之间相互联系又相互区别，不能等同和混淆。也可以说，封建主义在经济上代表的是地方保护主义和部门主义；在政治上代表的是专制主义和宗法制度；在思想上代表的是纲常伦理、宗法意识和社会生活中的各种落后、愚昧现象、迷信思想和活动。包括制度、活动、思想三方面含义的封建主义，才能称之为完整意义上的封建主义。

个体经济

以生产资料个体所有和个体劳动为基础的经济。如小农经济、小手工业经济、个体商业等。原始社会解体时产生，存在于奴隶社会、封建社会、资本主义社会和社会主义社会，但从来没有成为独立的社会经济形态，而总是从属于占统治地位的经济。具有规模小、经营分散、经济不稳定等特点。在我国，经过社会主义改造，绝大部分个体经济已经转变为社会主义集体经济。但在社会主义国营经济和集体经济占绝对优势的前提下，在法律规定的范围内允许个体经济存在，作为社会主义公有制经济的补充。

工业革命

工业革命，又称产业革命，是指资本主义工业化的早期历程，即资本主义生产完成了从工场手工业向机器大工业过渡的阶段。工业革命是以机器取代人力，以大规模工厂化生产取代个体工场手工生产的一场生产与科技革命。由于机器的发明及运用成为了这个时代的标志，因此，历史学家称这个时代为"机器时代"。

有人认为工业革命在1759年左右已经开始，但直到1830年，它还没有真正蓬勃地展开。大多数观点认为，工业革命发源于英格兰中部地区。1769年，英国人瓦特改良蒸汽机之后，由一系列技术革命引起了从手工劳动向动力机器生产转变的重大飞跃。随后自英格兰扩散到整个欧洲大陆，19世纪传播到北美地区。一般认为，蒸汽机、煤、铁和钢是促成工业革命技术加速发展的四项主要因素。在瓦特改良蒸汽机之前，整个生产所需动力依靠人力和畜力。伴随蒸汽机的发明和改进，工厂不再依河或溪流而建，很多以前依赖人力与手工完成的工作自蒸汽机发明后被机械化生产取代。

工业革命是一般的政治革命不可比拟的巨大变革,其影响涉及人类社会生活的各个方面,使人类社会发生了巨大的变革,对人类的现代化进程的推动起到了不可替代的作用,把人类推向了崭新的蒸汽时代。

共产国际

共产国际,亦称"第三国际",1919年3月2日至6日在列宁的领导下,在莫斯科召开了共产国际第一次代表大会。参加大会的有来自欧、亚、美洲21个国家的35个政党和团体的代表52人,通过了列宁起草的《共产国际宣言》、《共产国际行动纲领》等文件,宣告了共产国际的成立。共产国际在其存在的24年中,共召开过7次代表大会和13次执行委员会全会。共产国际在列宁领导期间,成绩比较显著。1924年1月,列宁去世后,共产国际出现了一些错误。总的来说,共产国际在宣传马克思列宁主义,团结各国无产阶级和被压迫民族,领导和推动无产阶级革命运动,促进亚非拉民族解放运动,反对帝国主义和法西斯主义,促进各国共产党的成长等方面起了重大的作用。

共产主义

共产主义是一种政治思想,主张消灭私有产权,并建立一个各尽所能、按需分配的生产资料公有制（进行集体生产）社会，而且是一个没有阶级制度、国家和政府的社会。在这一体系下，土地和资本财产为公共所有。其主张劳动的差别并不会导致占有和消费的任何不平等，并反对任何特权。在科学共产主义（马克思主义及其各流派）的理论中，它在发展上分两个阶段，初级阶段是社会主义，高级阶段是共产主义。通常所说的共产主义，指共产主义的高级阶段。

按照马克思主义理论（历史唯物主义），资本主义必将为共产主义所取代，这是不以人们的意志为转移的社会发展的历史规律。因随着工业革命后各种机械自动化生产所带来的高生产力，长期而言经济生产所需的人力将愈来愈少，在私有财产制度下绝大多数人将会失业，因此，社会若想继续和平发展就必须进入共产主义，将愈来愈少的工作量分配给各个工作的人，除了为兴趣而自愿长期工作的人之外，基本上多数人可减少许多工作时间就能维持日常生活。共产主义思想在实行上，需要人人有高度发达的集体主义精神，而这就要求社会生产力达到充分的发展和极度的发达。

共产主义社会

共产主义社会是一种社会形态，它是在生产资料公有制的条件下，在高度发达的社会生产力的基础上所实行的一种各尽其职、按需分配的劳动者自由联合的社会经济形态。

后马克思主义

　　后马克思主义的概念自20世纪80年代以来就以一种不太准确和规范的方式被使用着，它并非描述一个学派，而是描述一个趋向。后马克思主义倡导一种偶然的话语逻辑，它主张把意识形态和经济及阶级要素完全剥离开来，然而，对于后马克思主义自身的"发生学"分析，后马克思主义的话语理论却无能为力。后马克思主义不论作为一种思想倾向，还是作为一种确定的理论立场，它的生成、确立和盛行都不是脱离社会文化环境的纯粹话语运作的结果，就像后马克思主义本身不能够完全拒斥马克思主义一样，对后马克思主义社会和思想根源的理论透视也离不开马克思主义的分析方式。后马克思主义之所以在20世纪70年代末至80年代中期孕育成形，有着它特定的社会的、政治的、阶级的、思想的以及学理上的源流。

汇率

　　汇率，亦称外汇行市或汇价，是一国货币兑换另一国货币的比率，是以一种货币表示另一种货币的价格。由于世界各国货币的名称不同，币值不一，所以一国货币对其他国家的货币要规定一个兑换率，即汇率。从短期来看，一国的汇率由对该国货币兑换外币的需求和供给所决定。外国人购买本国商品、在本国投资以及利用本国货币进行投机会影响本国货币的需求。本国居民想购买外国产品、向外国投资以及外汇投机会影响本国货币供给。在经济学上，汇率定义为两国货币之间兑换的比例。通常会将某一国的货币设为基准，以此换算他国等金额价值的货币。

汇率的特性在于它多半是浮动的比率。只要货币能够透过汇率自由交换，依交换量的多寡，就会影响隔天的汇率，因此，有人也以赚汇差营利，今日以较低的比率购进某一外币，隔日等到较高的比率出现时，再转手卖出，所以有时汇率也能看出一个国家的经济状况。此外，外汇储备也能看出这个国家的出口贸易状况。

货币

货币是用作交易媒介、储藏价值和记账单位的一种工具，是专门在物资与服务交换中充当等价物的特殊商品。既包括流通货币，尤其是合法的通货，也包括各种储蓄存款。在现代经济领域，货币的领域只有很小的部分以实体通货方式显示，即实际应用的纸币或硬币，大部分交易都使用支票或电子货币。货币区是指流通并使用某一种单一的货币的国家或地区。不同的货币区之间在互相兑换货币时，需要引入汇率的概念。

机会主义

机会主义，也称投机主义，指为了达到自己的目标不择手段的做法，突出的表现是不按规则办事，视规则为腐儒之论，其最高追求是实现自己的目标，以结果来衡量一切，而不重视过程。如果它有原则的话，那么它的最高原则就是成王败寇。机会主义也可指工人运动或无产阶级政党内部出现的违背马克思主义根本原则的思潮、路线。它是资产阶级或小资产阶级思想的反映。机会主义有两种表现形式：一种是右倾机会主义，另一种是"左"倾机会主义。

基督

基督，基利斯督之简称，来自于希腊语，是亚伯拉罕诸教中的术语，原意是"受膏者"（中东地区肤发易干裂，古代的以色列王即位时必须将油倒在国王的头上，滋润肤发，象征这是神用来拯救以色列人的王，后来转变成救世主的意思），也等同于希伯来语中的名词弥赛亚，意思为"被涂了油的"。在基督教、圣经当中基督是"拿撒勒"主耶稣的专有名字，即"主耶稣基督"。

基督教

基督教是一种以新旧约全书为圣经，信仰神和天国的宗教，发源于中东地区。在人类发展史中，基督教扮演着非常重要的角色，中世纪到文艺复兴尤甚。基督徒是相信耶稣为神（天主或称上帝）的圣子、人类的救主（弥赛亚，即基督）的一神论宗教。基督教与伊斯兰教、佛教并列为当今三大世界性宗教。基督教主要有天主教（又称公教会）、希腊正教（又称正教会、东正教）、基督新教（华人俗称基督教）三大派别，以及其他许多规模较小的派别。基督教虽然发源于中东地区，但后来由于阿拉伯帝国和奥斯曼土耳其帝国的兴起、扩张和持续打压，基督教的传播中心逐渐转移至欧洲，并在欧洲发扬光大，并由此传播至远东、美洲、非洲、大洋洲等地。中文语汇的"基督教"一词时常是专指基督新教，这是中文目前的特有现象。基督教徒约有17亿7千万人。天主教徒占其中的52.89%（约10亿人），基督新教占其中的17.63%（约3亿人），而东正教则占其中的10.64%（约2亿人）。

级差地租

级差地租是一个相对于绝对地租的概念，它是指租佃较好土地的农业资本家向大土地所有者缴纳的超额利润。这个超额利润是由优等地和中等地农产品的个别生产价格低于按劣等地个别生产价格决定的社会生产价格的差额决定的。

价值

价值，泛指客体对于主体表现出来的积极意义和有用性。可视为是能够公正且适当反映商品、服务或金钱等值的总额。在经济学中，价值是商品的一个重要性质，它代表该商品在交换中能够交换得到其他商品的多少，价值通常通过货币来衡量，称为价格。这种观点中的价值，其实是交换价值的表现。

根据新古典主义经济学（目前比较流行的一种经济学理论），物体的价值就是该物体在一个开放和竞争的交易市场中的价格，因此，价值主要取决于对于该物体的需求，而不是供给。有些经济学者经常把价值等同于价格，不论该交易市场竞争与否。而古典经济学则认为价值和价格并不等同。按照马克思主义政治经济学的观点，价值就是凝结在商品中无差别的人类劳动，即商品价值。马克思还将价值分为使用价值（给予商品购买者的价值）和交换价值（使用价值交换的量）。

价值规律

价值规律，亦称"价值法则"，是商品生产和商品交换的基本规律。其主要内容和客观要求是商品的价值量由生产商品的社会必要劳动时间决定，商品按照价值量相等的原则进行交换。在以货币为媒介的商品交换中，要求价格符合于价值。

价值量

商品的价值量是商品价值的大小，通常是单位价值量。商品的价值量不是由各个商品生产者所耗费的个别劳动时间决定的，而是由社会必要劳动时间决定的。商品是劳动产品，商品的价值是由劳动形成的，因而它的价值量要由生产商品所耗费的劳动时间来衡量。在其他条件不变的情况下，商品的价值量越大，价格越高；商品的价值量越小，价格越低。若其他因素不变，单位商品的价值量与生产该商品的社会劳动生产率成反比。价值决定价格，价格是价值的货币表现，价值是价格的基础。

交换价值

交换价值指的是当一种产品在进行交换时，能换取到其他产品的价值。交换价值在马克思的学说中，是物品借着一种明确的经济关系才能够产生出的价值，也就是说，经济关系乃是交换价值的背景。交换价值只有在一个产品进行交换时，特别是产品作为商品在经济关系中出售及购买时，才具有意义。交换价值的根本属性是产品的使用价值，但是交换价值在商品交易中根据双方需求会发生较大的波动。例如，1升水在平时和旱季，其使用价值是一样的，但是交换价值的变化却很大。

绝对地租

绝对地租是资本主义地租的一种形式。在资本主义制度下，由于土地为地主所私有，因此不论租种上等地或者租种土质最坏的地，地主都要收取地租。这种由于土地私有制的存在，不论租种好地坏地都绝对必须交纳的地租，马克思把它叫作绝对地租。

绝对剩余价值

绝对剩余价值指在必要劳动时间不变的条件下，通过绝对延长工作日，从而绝对延长剩余劳动时间生产出来的剩余价值。

科学社会主义

科学社会主义是与空想社会主义相对而言的、关于社会主义的科学的理论体系、理论模型与实践模式。科学社会主义是人类一切文明成果的结晶。马克思、恩格斯运用辩证唯物主义的逻辑思维形式，在批判历代空想社会主义的基础上，以历史唯物主义的观点揭示和发现了人类社会发展的规律及当代资本主义经济运动的规律——剩余价值规律。马克思的这两个规律的发现使社会主义从空想变成了科学。科学社会主义是关于无产阶级解放斗争发展规律的科学，是一门政治科学，或者说是一门政治学。

空想社会主义

空想社会主义又称乌托邦社会主义，是产生于资本主义生产状况和阶级状况尚未成熟时期的一种社会主义学说，是现代社会主义思想来源之一。空想社会主义者相信在不久的将来可以建立理想的意识形态社会，并为之不懈努力奋斗。这种学说最早见于16世纪托马斯·莫尔的《乌托邦》一书，盛行于19世纪初期的西欧。空想社会主义者认为社会主义的理想社会应该建筑在人类的理性和正义的基础上，而这种社会至今还未出现，是由于人们不认识和不承认的缘故。他们觉得只要有天才掌握了这种思想，并推广开去，就能实现他们心中的理想社会。空想社会主义者反对资本主义，并认为资本主义的剥削制度是由于人类在道德和法律上犯了错误，背弃了人类的本性而产生的。

劳动对象

劳动对象指劳动本身所对应的客体，比如耕作的土地、纺织的棉花等。包括两大类：一是自然界的物质，即未经人类加工过的自然物，如矿藏；一是人类劳动加工过的，用作原材料的产品，如棉花、钢铁等。

劳动力

劳动力，即人的劳动能力，指蕴藏在人体中的脑力和体力的总和。物质资料生产过程是劳动力作用于生产资料的过程。离开劳动力，生产资料本身是不可能创造任何东西的。但是，在物质资料生产过程中，劳动力发挥作用，除了必须具备一定的生产经验和劳动技能或科学文化知识外，还必须具备一定量的生产资料，否则，物质资料生产过程也是不能进行的。劳动者在生产过程中运用自己的劳动力和生产工具，作用于劳动对象，既可以创造出物质财富，也可以不断提高自己的劳动技能。

里昂工人起义

里昂工人起义是指1831年和1834年法国里昂工人反对资本主义剥削压迫的两次武装起义，里昂工人起义推动了法国工人运动的发展，是法国无产阶级作为独立的政治力量登上历史舞台的重要标志之一。与"巴黎公社"、"英国宪章运动"并称"三大工人运动"。

历史唯物主义

历史唯物主义是马克思主义哲学的重要组成部分，也被称为"唯物主义历史理论"或"唯物史观"。历史唯物主义为马克思和恩格斯所创立，以黑格尔的辩证法，结合费尔巴哈的唯物论，去解释人类历史演变的过程，并被列宁、毛泽东等人所发展，被认为是马克思主义的社会历史观和认识、改造社会的一般方法论。因其主要关注的是对历史规律的阐明，因而历史唯物主义可以归入历史哲学，具体地说是一种思辨的历史哲学。

历史唯物主义认为历史发展是客观的和有其特定规律的，其最基本的规律就是生产力决定生产关系，生产关系对生产力有反作用（可能促进或阻碍）。伴随着生产力的发展，人类社会会历经原始社会、奴隶社会、封建社会、资本主义社会、社会主义社会，最终走向共产主义社会。

马克思列宁主义

马克思列宁主义是马克思主义和列宁主义的统称。马克思主义是对马克思和恩格斯的观点和学说的总体称谓，是无产阶级及其政党的十分严整而彻底的世界观，是无产阶级开展解放运动的理论指导，是无产阶级根本利益的科学表现。列宁主义是帝国主义和无产阶级革命时代的马克思主义，是由列宁和他的战友在参加和领导俄国和国际工人运动的实践活动中，在同第二国际机会主义作斗争中，总结无产阶级新的历史经验和科学发展的新成果而形成的。它使无产阶级专政成为现实，使社会主义从科学的理论变成现实的社会制度。

马克思主义

马克思主义是马克思、恩格斯在19世纪工人运动实践基础上创立的理论体系。马克思主义主要以唯物主义角度编写而成。马克思主义理论体系包括三部分，即马克思主义哲学、马克思主义政治经济学、科学社会主义，分别是马克思、恩格斯受德国古典哲学、英国古典政治经济学、法国空想社会主义影响，并在此基础上创立的。马克思主义作为内涵丰富、外延无限的一整套严密的思想体系，我们可以从不同方面对其进行不同的定义。马克思主义从它的创造者、继承人的认识成果上讲，可以定义为：马克思主义是马克思、恩格斯创建的马克思主义者不断加以丰富发展的观点和学说的体系；从它的阶级属性讲，可以定义为：马克思主义是关于无产阶级和人类解放的科学，尤其是关于无产阶级斗争的性质、目的和条件的学说；从它的研究对象讲，可以定义为：马克思主义是一个内容极其丰富的、宏伟的、科学的理论体系，是关于自然、社会和思维发展普遍规律的学说，特别是关于资本主义发展和转变为社会主义，以及社会主义和共产主义发展普遍规律的学说。

马克思主义哲学

马克思主义哲学是关于自然、社会和思维发展的一般规律的科学，是唯物论和辩证法的统一，是唯物论自然观和历史观的统一。它是在继承和发展了德国的古典哲学，英国的古典政治经济学，英国、法国的空想社会主义下形成的马克思主义的三个组成部分之一。马克思主义哲学的主要理论来源是辩证法和唯物论，辩证唯物主义和历史唯物主义是马克思主义哲学的两大组成部分，实践概念是它的基础。

马克思主义政治经济学

马克思主义政治经济学，是马克思主义的重要组成部分。它既是我们从理论高度认识和研究资本主义的经济科学，也是我们进行社会主义经济建设和改革开放的理论指导。马克思主义政治经济学，首先包括马克思创建的政治经济学的基本原理和方法，也包括后来由列宁、毛泽东、邓小平和党中央发展了的经济思想与理论，还包括经济学界以马克思主义为指导研究当代资本主义和社会主义所取得的有关成果。马克思主义政治经济学的基本观点主要包括在马克思的重要著作《资本论》中，在《资本论》中，马克思研究了资本主义经济学的理论和英国历年的经济统计资料，对资本主义经济学理论进行了分析和批判。

孟什维克

孟什维克（俄文音译，意为少数派）是俄国社会民主工党中的一个派别。孟什维克由马尔托夫领导，主张信任群众行动的自发性，涵盖所有无产阶级民众的所有行动。1903年召开俄国社会民主工党第二次代表大会期间，以列宁为首的马克思主义者同马尔托夫等人在制定党章时发生尖锐分歧。大会在选举中央领导机关成员时，拥护列宁的人得多数票，称布尔什维克（意为多数派），马尔托夫等得少数票，称孟什维克。会后，孟什维克发展成为俄国社会民主工党内主要的右倾机会主义派别，其观点称为孟什维主义。

七月革命

七月革命，即法国七月革命，是1830年欧洲的革命浪潮的序曲，因为波旁王室的专制统治令经历过法国大革命的法国人民难以忍受，以致法国人群起反抗当时法国国王查理十世的统治。此次革命的成功是维也纳会议后首次在欧洲成功的革命运动，革命鼓励了1830年及1831年欧洲各地的革命运动，表明维也纳会议后，由奥地利帝国首相梅特涅组织的保守力量未能抑制法国大革命后日益上扬的民族主义及自由主义浪潮。

青年黑格尔派

青年黑格尔派，又称黑格尔左派，是在19世纪30年代黑格尔哲学解体过程中产生的激进派，知名成员有布鲁诺·鲍威尔、大卫·施特劳斯、麦克斯·施蒂纳、费尔巴哈等。活动中心在柏林，马克思和恩格斯也曾参加过青年黑格尔派的活动。

让渡

让渡，就是权利人将自己有形物、无形的权利，或者是有价证券的收益权等通过一定的方式，全部或部分地以有偿或者无偿的方式转让给他人所有或者占有，或让他人行使相应权利。在商品经济中，买进卖出就是一种非常普遍的有偿让渡形式；而对别人或相关地区的捐赠，就是一种无偿的让渡。

人文主义

人文主义是在文艺复兴时期新兴资产阶级反封建反教会斗争中形成的思想体系、世界观或思想武器，也是这一时期资产阶级进步文学的中心思想。它主张一切以人为本，反对神的权威，把人从中世纪的神学枷锁下解放出来。人文主义宣扬个性解放，追求现实人生幸福；追求自由平等，反对等级观念；崇尚理性，反对蒙昧。

商品

商品是一种用于满足购买者欲望和需求的产品。狭义概念中的商品是一种有形的物质产品，区别于无形的服务。就其本身而论，商品能以有形的方式交付给购买者，并且它的所有权也一并由销售者转移给了顾客。例如，苹果是有形的商品，相对而言，理发则是一种无形的服务。

商品拜物教

在马克思主义理论中,商品拜物教是资本主义市场社会中的社会关系的一种形态,其中社会关系体现为一种基于商品或货币的客体关系,主要表现为劳动商品化和异化。"商品拜物教"一词由马克思在《资本论》第一卷(1867年)中首创。马克思之所以用拜物教一词,可以解释为对工业社会"理性"、"科学"心态的嘲讽。在马克思的时代,这个词主要是用来形容原始宗教。商品拜物教意味着如此的原始信仰体系其实还留在现代社会的核心。依他的见解,商品拜物教是私有制在资本主义的社会关系中造成的幻影,它在资本主义社会的主流意识形态中占据中心地位。

社会必要劳动时间

社会必要劳动时间是与"个别劳动时间"相对而言的,指在现有的社会正常的生产条件下,在社会平均的劳动熟练程度和劳动强度下制造某种使用价值所需要的劳动时间。这里的"现有的社会正常的生产条件"是指现时某生产部门的平均生产条件,或大多数商品生产者所具有的生产条件,其中最主要是劳动工具的状况;这里的"平均的劳动熟练程度和劳动强度"是指中等水平或部门的平均劳动熟练程度和劳动强度。如生产一件上衣,各个商品生产者由于设备、技术熟练程度等差别,个别劳动时间从2小时到4小时不等,但一般用3小时的劳动就能生产出来,这3小时就是生产上衣的社会必要劳动时间，它随社会劳动生产率的提高而减少。另外，马克思在分析社会生产各部门之间按比例分配社会总劳动的必要性时，提出另一个意义上的社会必要劳动时间，是指满足社会对某种产品的需要而必须分配到某一部门去的那部分社会劳动时间，如社会需要10万双鞋，每双鞋需平均耗费社会劳动时间1小时，则生产鞋所需的社会必要劳动时间为10万小时。

《社会契约论》

《社会契约论》，又译为《民约论》，或称《政治权利原理》，是法国思想家让·雅克·卢梭于1762年写成的一本书。《社会契约论》中主权在民的思想，是现代民主制度的基石，深刻地影响了废除欧洲君主绝对权力的运动，和18世纪末北美殖民地摆脱英帝国统治、建立民主制度的斗争。美国的《独立宣言》和法国的《人权宣言》及两国的宪法均体现了《社会契约论》的民主思想。

社会主义

社会主义是一套经济体系和政治理论，主张或提倡公共或以整个社会作为整体，来拥有和控制生产资料（产品、资本、土地、资产等），其管理和分配基于公众利益。其提倡由集体或政府拥有与管理生产工具，分配物资。社会主义分为了诸多流派，从建立合作经济管理结构到废除等级制度以至于自由联合。作为一项政治运动，社会主义的政治哲学主张从改良主义到革命社会主义均有分布。如国家社会主义主张通过推动生产、分配和交换全方位的国有化来实现社会主义；自由社会主义倡导工人传统地控制生产方式，反对国家权力来进行管理；民主社会主义则通过民主化进程来寻求建立社会主义。

现代社会主义理论始于18世纪知识分子与工人阶级发起的批评工业化与私有财产对社会影响的政治运动。早期的空想社会主义者，诸如罗伯特·欧文曾试图建立一个自给自足并脱离资本主义社会的公社；而圣西门则创造了名词socialisme，提倡技术官僚与计划工业的应用。马克思和恩格斯共同设计创造了一个理想的社会制度，通过除去导致不合格与周期性生产过剩的无政府主义和资本主义生产，来允许广泛应用现代科技，从而将经济活动合理化。在19世纪初期，社会主义还只是表明关注社会问题；到了19世纪末期，社会主义已经成为了建立基于社会共有的新体制的推动力，并站到了资本主义的对立面。

社会主义社会

社会主义社会，是一种社会形态，指用马克思主义理论指导，重视社会福利，采用财产公有制的，通常是共产主义政党专政、工人阶级领导的社会。按照马克思主义理论，社会主义社会是资本主义社会向共产主义社会的过渡性社会形态。

生产关系

生产关系是指在物质生产过程中形成的人们之间的社会关系,它集中体现了人们之间的物质利益关系。生产关系的内容包括人们在一定的生产资料所有制基础上形成的、在社会生产总过程中发生的生产、分配、交换和消费的关系。

生产力

生产力,又称"社会生产力",是人们征服自然、改造自然、获得物质资料的能力。生产力和生产关系是社会生产不可分割的两个方面。生产力包括劳动者、劳动资料和劳动对象三大要素。

生产资料

生产资料,也称作生产手段,是马克思主义理论家认定的生产力三要素之一。生产资料主要指劳动者进行生产时所需要使用的资源和工具。一般包括土地、厂房、机器设备、工具、原料,等等。生产资料是生产过程中的劳动资料和劳动对象的总和,它是任何社会进行物质生产所必备的物质条件。

生息资本

生息资本,是为了获取利息而暂时贷放给他人使用的货币资本。

剩余价值

根据马克思主义理论,剩余价值是指从劳动者的劳动价值中剥削出来的利润(劳动价值和工资之间的差异),即"劳动者创造的被资产阶级无偿占有的劳动"。剩余价值概念是马克思主义政治经济学的核心概念,马克思主义政治经济学认为资本主义生产的实质就是剩余价值的生产,剩余价值规律是资本主义的基本经济规律,它决定着资本主义的一切主要方面和矛盾发展的全部过程,决定着资本主义生产的高涨和危机,决定着资本主义的发展和灭亡。

十月革命

十月革命(又称布尔什维克革命、俄国共产革命等),是1917年俄国革命经历了二月革命后的第二个阶段。十月革命发生于1917年11月7日(俄历10月25日)。前苏联、中国等社会主义国家及组织普遍认为,十月革命是经列宁和托洛茨基领导下的布尔什维克领导的武装起义,建立了人类历史上第二个无产阶级政权(第一个是巴黎公社无产阶级政权)和由马克思主义政党领导的第一个社会主义国家——苏维埃俄国。革命推翻了以克伦斯基为领导的资产阶级俄国临时政府,为1918年—1920年俄国内战和

1922年苏联成立奠定了基础。

使用价值

　　使用价值，是一切商品都具有的共同属性之一。任何物品要想成为商品都必须具有可供人类使用的价值；反之，毫无使用价值的物品是不会成为商品的，使用价值是物品的自然属性。马克思主义政治经济学认为，使用价值是由具体劳动创造的，并且具有质的不可比较性。比如，人们不能说橡胶和香蕉哪一个使用价值更高。使用价值是价值的物质基础，和价值一起，构成了商品二重性。

世界观

　　世界观，也叫宇宙观，是哲学的朴素形态。世界观是人们对整个世界的总的看法和根本观点。由于人们的社会地位不同，观察问题的角度也不同，就因而形成不同的世界观。哲学是世界观的理论表现形式。世界观的基本问题是精神和物质、思维和存在的关系问题，根据对这两者关系的不同回答，划分为两种根本对立的世界观基本类型，即唯心主义世界观和唯物主义世界观。

私有制

　　私有制，也叫所有制，是相对于公有制的经济制度，是在这种制度下进行的生产资料个人或集体的排他性占有。私有制是剥削社会（以奴隶社会、封建社会、资本主义、特权主义和专制社会为代表）的基本标志之一。

托拉斯

托拉斯，是较高级的垄断组织形式。指由许多生产同类商品或在生产上有密切关系的企业为了垄断某些商品的产销，从而获得高额利润而组成的大型垄断企业。可分为以金融控制为基础的托拉斯和以企业合并为基础的托拉斯。托拉斯在美国最为普遍，其作用覆盖整个采购、生产、销售过程。

唯物史观

唯物史观即历史唯物主义。

唯物主义

唯物主义即唯物论，是一种哲学理论，肯定世界的基本组成为物质，物质形式与过程是我们认识世界的主要途径，持着"只有事实上的物质才是真实存在的实体"这一种观点，并且被认为是物理主义的一种形式。该理论的基础是，所有的实体（和概念）都是物质的一种构成或者表达，并且，所有的现象（包括意识）都是物质相互作用的结果，在意识与物质之间，物质决定了意识，而意识则是客观世界在人脑中的生理反应，也就是有机物出于对物质的反应。因此，物质是唯一事实上存在的实体。作为对现实世界的一种解释，唯物主义是唯心主义和心灵主义的一个对立面。

唯物主义有机械唯物主义和辩证唯物主义的区别，机械唯物主义认为物质世界是由各个个体组成的，如同各种机械零件组成一个大机器，不会变化；辩证唯物主义认为物质世界永远处于运动与变化之中，是互相影响、互相关联的。机械唯物论的代表人物是费尔巴哈，辩证唯物论的代表人物是马克思、恩格斯和列宁。

唯心主义

唯心主义即唯心论，又译作理念论、观念论，是哲学中对思想、心灵、语言及事物等彼此之间关系的讨论及看法。唯心论秉持世界或现实如同精神或意识，都是根本的存在。唯心论直接相对于唯物论，后者认为世界的基本成分为物质，我们对世界的认识主要是通过物质，并将其视为一种物质形式与过程。唯心论同时也反对现实主义的哲学观，后者认为在人类的认知中，我们对物体的理解与感知，与物体独立于我们心灵之外的实际存在是一致的。

马克思主义哲学则认为唯心论是哲学上的两大基本派别之一，是与唯物论对立的理论体系。唯心论在哲学基本问题上主张精神、意识的第一性，物质的第二性，也就是说，唯心论主张物质依赖意识而存在，物质是意识的产物的哲学派别，并认为可以区分为主观唯心论和客观唯心论两种基本类型。

乌托邦

乌托邦，也称理想乡，无何有之乡（源于《庄子》），是一个理想的群体对社会的构想，名字由托马斯·摩尔的《乌托邦》一书中所写的完全理想的共和国"乌托邦"而来。意指理想完美的境界，特别是用于表示法律、政府及社会情况。托马斯·摩尔在书中虚构了一个大西洋上的小岛，小岛上的国家拥有完美的社会、政治和法制体系。这个词用来被描述成一种被称为"意向社群"的理想社会和文学虚构的社会。

无产阶级

根据马克思主义理论，无产阶级一词指不拥有生产资本，单纯靠出卖劳动力获取收入的劳动者。马克思主义理论把无产阶级划分为普通无产阶级和下层无产阶级。在实际使用的含义中，近似地等同于近代以来出现的，主要受雇于资本家，依靠雇佣工资生活的工人群体。在马克思的理论中，无产阶级是被资产阶级通过剥削其生产价值和工资之间的差异（剩余价值）以获得利润的对象，因此，其大多在生存水平线上挣扎，教育相对落后（除非有极佳的社会福利），直到难以生存时，便容易铤而走险，当人数够多时，便会起身革命，尝试推翻现有政府及资本家。在社会主义社会，工人阶级已摆脱了被剥削、被压迫的地位，成为掌握国家政权的领导阶级。

相对价值形式

商品交换的价值关系中同等价形式相对立的一极。处于相对价值形式上的商品，在价值关系中起着主动的作用，是主动地要表现自己价值的商品。

相对剩余价值

把通过缩短必要劳动时间、相应地改变工作日的两个组成部分的量的比例而生产的剩余价值，叫做相对剩余价值。

小资产阶级

小资产阶级，指占有一定的生产资料或有少量财产的私有者，一般指不受他人剥削，也不剥削别人（或仅有轻微剥削），主要靠自己劳动为生的个体劳动者阶级。它在资本主义社会里是非基本的阶级，亦称为中间等级，主要包括农民、小手工业者、小商人、小业主等。作为劳动者，在思想上倾向于无产阶级；作为私有者，又倾向于资产阶级，极易受资产阶级思想的影响。因此，在反对封建主义的斗争中既具有革命性，同时也存在政治上的动摇性、斗争中的软弱性和革命的不彻底性。随着资本主义的发展，他们不断地向两极分化，大部分破产沦落为无产阶级或半无产阶级，小部分发财上升为资产阶级。

辛迪加

辛迪加，原意是"组合"、"联合"，是垄断组织的一种重要形式，属于低级垄断形式。辛迪加指同一生产部门的少数大企业为了获取高额利润，通过签订共同销售产品和采购原料的协定而建立的垄断组织。

形而上（学）

形而上出自《易经·系辞》，原文为"形而上者谓之道，形而下者谓之器"。用现代的思维讲，形而下就是指具体的器物（可以拓展到感性的事物），形而上就是指比较抽象的规律（包含做人做事的原则）。形而上是精神方面的宏观范畴，用抽象（理性）思维，形而上者道理，起于学，行于理，止于道，故有形而上者谓之道；形而下是物质方面的微观范畴，用具体（感性）思维，形而下者器物，起于教，行于法，止于术，故有形而下者谓之器。

形而上学（metaphysics，意为"物理学之后"）是哲学术语，哲学史上指哲学中探究宇宙根本原理的部分。马克思认为形而上学是指与辩证法对立的，用孤立、静止、片面的观点观察世界的思维方式。黑格尔把形而上学作为与辩证法相对立的一种机械教条的研究方法来批判，因此，形而上学也可以被表述成为教条主义。

修正主义

"修正"一词的含义，来源于拉丁文，有"修改、重新审查"的意思。"修正主义"一词，是在共产主义运动中对马克思主义进行歪曲、篡改、否定的一类资产阶级思潮和政治势力，是国际工人运动中打着马克思主义旗号反对马克思主义的机会主义思潮。

虚拟资本

虚拟资本是独立于现实的资本运动之外、以有价证券的形式存在、能给持有者按期带来一定收入的资本，如股票、公债券、不动产抵押单等。虚拟资本是随着借贷资本的出现而产生的，它在借贷资本的基础上成长，并成为借贷资本的一个特殊的投资领域。

一般等价物

一般等价物是从商品中分离出来的，充当其他一切商品的统一价值表现材料的商品。一般等价物的出现，是商品生产和交换发展的必然结果。历史上，一般等价物曾由一些特殊的商品承担，随着社会的进步，黄金和白银成了最适合执行一般等价物职能的货币。货币是从商品中分离出来固定充当一般等价物的特殊商品。

英国工人宪章运动

宪章运动是1838年到1848年发生在英国的一场普通劳动者要求社会政治改革的群众运动，是世界三大工人运动之一。列宁称之为"世界上第一场大规模的劳动阶级运动"。宪章运动的目的是，工人们要求取得普选权，以便有机会参与国家的管理。"普选权问题是饭碗问题"，工人阶级希望通过政治变革来提高自己的经济地位。

庸俗经济学

庸俗经济学是资产阶级政治经济学的一个发展阶段，产生于18世纪末，大致结束于19世纪70年代。当时，法国出现一种自由主义思潮，以巴师夏、凯里为首的经济学家认为，世界是让每个自然人独立施展才能的大舞台，而资本主义是最符合人性的舞台设计，因此，它能以最快的速度去积聚财富，马克思称之为庸俗经济学。这种学说不愿意从历史的发展过程中考察资本形成的原因，更不愿意看到资本主义是建筑在绝大多数人陷入相对贫困的基础上的事实。庸俗经济学的主要代表人物有：西尼尔、穆勒、萨伊马尔萨斯等。

哲学

哲学是研究范畴及其相互关系的一门学问。范畴涉及到一门学科的最基本研究对象、概念和内容，哲学具有一般方法论的功能。

纸币

纸币，又叫钞票，是指以柔软的物料（通常是特殊的纸张）印制成的特殊货币凭证，通常是由国家发行并强制使用的一种货币符号。纸币本身不具价值，虽然作为一种货币符号，但其不能直接行使价值尺度职能，而是由国家对其面值进行定义。纸币是当今世界各国普遍使用的货币形式，而世界上最早出现的纸币，是中国北宋时期四川成都的"交子"。中国是世界上使用纸币最早的国家。

资本

资本，在经济学意义上，指的是用于生产的基本生产要素，即资金、厂房、设备、材料等物质资源。在金融学和会计领域，资本通常用来代表金融财富，特别是用于经商、兴办企业的金融资产。广义上，资本也可作为人类创造物质和精神财富的各种社会经济资源的总称。

资本主义

资本主义，也被称为自由市场经济或自由企业经济，其特色是个人或是企业拥有资本财产，且投资活动是由个人决策左右，而非由国家所控制，一般并没有准确之定义，不同的经济学家也对资本主义有不同的定义。一般而言，资本主义指的是一种经济学或经济社会学的制度，在这样的制度下绝大部分的生产资料都归私人所有，并借着雇佣或劳动的手段以生产资料创造利润。在这种制度里，商品和服务借由货币在自由市场里流通。投资的决定由私人进行，生产和销售主要由公司和工商业控制并互相竞争，依照各自的利益采取行动。

资产阶级

资产阶级是指占有社会生产资料并使用雇佣劳动的现代资本家阶级，其本质是以生产资料为手段无偿占有雇佣工人的劳动，是现代社会中的主要剥削阶级。

宗派主义

宗派主义是指党内存在的一种以宗派利益为出发点的思想和行为，是封建宗派思想、资产阶级、小资产阶级思想在组织上的表现。主要表现为：在个人与党的关系上，把个人放在第一位，把党放在第二位，向党闹独立性；在组织上，任人唯亲，在同志中拉拉扯扯，把资产阶级的庸俗作风搬进党里来；在党内关系上，只强调局部利益，只要民主，不要集中，不遵守个人服从组织、少数服从多数、下级服从上级、全党服从中央的民主集中制原则，进行无原则的派别斗争；在和党外人士的关系上，妄自尊大，骄傲自满，不尊重人家，不学习人家的长处，不愿和人家合作等。

德菲尔神庙

德菲尔城阿波罗神庙始建于前7世纪，在古希腊时代被认为是世界的中心也是古希腊的宗教中心和统一的象征。神庙区还有露天剧场和圣路，圣路两旁有希腊各邦为供奉诸神而兴建的礼物库、祭坛、纪念碑、柱廊等。德尔斐考古遗址（阿波罗神庙）为希腊古典时期宗教遗址，1987年被列入世界遗产名录。遗址位于雅典西北方帕尔纳索斯山麓，因居于该地的德尔斐族人而得名。遗址系阿波罗神庙所在地，以该庙的女祭司皮提亚宣示的神谕著称。

贵金属

贵金属，通常用来指代黄金、白银和白金三种价格昂贵、外表美观、化学性质稳定、具有较强的保值能力的金属，其中黄金的地位尤其重要。在布雷顿森林体系崩溃之前，西方各国货币均与美元挂钩，美元则与黄金挂钩，许多国家都公布本国货币的含金量。20世纪70年代后期,随着世界金融格局的重组和通货膨胀得到缓解,黄金等贵金属的地位有所下降,但仍被视为世界通用的交换媒介和保值工具。

海格特公墓

英国伦敦的公墓,位于英国伦敦北郊的海格特地区,分东西两个部分。西海格特公墓于1839年成立,包括两个都铎风格的教堂,一个古埃及风格的大道和大门(仿造古埃及著名的国土谷建筑),还有哥特风格的墓穴;东海格特公墓于1854年成立,两年后东部也投入运营。马克思及其家人的墓就在于此,公墓还埋葬着英国物理学家和化学家法拉第、小说家乔治·艾略特。

爱德华·伯恩施坦

爱德华·伯恩施坦(1850—1932),是德国社会民主党的著名活动家,他一生的理论和政治活动经历了不同阶段:小资产阶级激进民主主义者,马克思主义者,修正主义者。从1881年初担任党机关报《社会民主党人报》编辑到1895年恩格斯逝世,这15年是伯恩施坦的黄金时代。他是作为一位杜林主义者加入德国社会民主党的,以拉萨尔主义和杜林主义的眼光来看待马克思和马克思主义。在此期间,他在恩格斯的直接关怀和指导下,对于传播马克思主义、反对党内机会主义、揭露和批判统治阶级的反动政策等方面，对党内的建设做出了重大贡献，因此，他在党内和国际工人运动中赢得了很高的声誉。列宁也曾说，伯恩施坦当时是一个"革命的社会民主党人"。1895年8月恩格斯逝世后，伯恩施坦"修正"马克思主义基本原理的倾向开始公开显露出来。1896年至1898年，他在《新时代》上以《社会主义问题》为总题目发表的一组文章，成为他对马克思主义"传统解释"的最初"批判"，成为这一时期对马克思主义公开责难的代表，开启了德国社会民主党内关于什么是马克思主义、如何发展马克思主义的大争论。

爱尔维修

克洛德·阿德里安·爱尔维修（1715—1771），是18世纪法国唯物主义哲学家，法国启蒙思想家。他出生在巴黎一个宫廷医生的家庭，毕业于耶稣会办的专科学校，曾任总报税官。他考察了第三等级的贫困生活和封建贵族的糜烂生活，因而痛恨封建制度。后来，他辞去官职，专心著述，并和思想家狄德罗、霍尔巴赫等人参加了《百科全书》的编辑工作，对封建制度及教会进行了无情的揭露和批判。他的主要著作包括《论精神》和《论人的理智能力和教育》。

奥格斯特·倍倍尔

奥格斯特·倍倍尔（1840—1913），德国社会民主党的主要领导人之一,德国和国际工人运动活动家。1840年2月22日生于普鲁士,1913年8月13日卒于瑞士格尔桑斯。1865年8月结识李卜克内西,在其帮助下成长为社会主义者。1866年同李卜克内西创建萨克森人民党,加入第一国际。次年当选为德国工人协会联合会主席,并促使该会于1868年参加第一国际。1867年当选北德意志联邦议会议员,成为议会中第一个工人代表,坚决反对俾斯麦的"铁血政策",主张通过自下而上的革命统一德意志。他和李卜克内西于1869年8月共同创建德国社会民主工党(爱森纳赫派),并制定了党纲。

柏拉图

柏拉图(约前427—前347),古希腊伟大的哲学家,也是全部西方哲学乃至整个西方文化最伟大的哲学家和思想家之一。他和老师苏格拉底、学生亚里士多德并称为古希腊三大哲学家。柏拉图出身于雅典贵族家庭,青年时师从苏格拉底。苏格拉底死后,他游历四方,曾到埃及、北非、小亚细亚沿岸和意大利南部从事政治活动,企图实现他的贵族政治理想。公元前387年活动失败后,游历12年的柏拉图逃回雅典,在一所称为阿卡德米的体育馆附近建立了一所学园,此后执教40年,直至逝世。他一生著述颇丰,其教学思想主要集中在《理想国》和《法律篇》中。柏拉图是西方客观唯心主义的创始人,其哲学体系博大精深,对其教学思想影响尤甚。柏拉图认为世界由"理念世界"和"现象世界"所组成。理念的世界是真实的存在,永恒不变,而人类感官所接触到的这个现实的世界,只不过是理念世界的微弱的影子,它由现象所组成,而每种现象是因时空等因素而表现出暂时变动等特征。由此出发,柏拉图提出了一种理念论和回忆说的认识论,并将它作为其教学理论的哲学基础。

保尔·拉法格

保尔·拉法格(1842—1911),法国杰出的马克思主义理论家,法国工人党和第二国际创建人之一。拉法格反对新康德主义和哲学上的修正主义,捍卫和宣传辩证唯物主义和历史唯物主义,拉法格还批判了饶勒斯的修正主义哲学观点。

布鲁诺·鲍威尔

布鲁诺·鲍威尔(1809—1882),德国哲学家,青年黑格尔派代表之一。柏林大学毕业,曾在柏林大学、波恩大学任教,因发表《同观福音作者的福音史批判》而遭解聘,从此退隐。否认福音故事的可靠性以及耶稣其人的存在。将黑格尔的自我意识解释为同自然相脱离的绝对实在,并用它来代替黑格尔的"绝对观念",宣称"自我意识"是最强大的历史创造力,马克思和恩格斯在《神圣家族》一书中对此予以严厉批判。主要著作还有《福音的批判及福音起源史》、《斐洛、施特劳斯、勒男与原始基督教》等。

查尔斯·泰勒

查尔斯·泰勒，1948年出生于利比里亚首都蒙罗维亚郊区，他是著名的政治人物，曾于1997年至2003年间任第二十二任利比里亚总统。他是美国黑人后裔，年轻时曾在美国波士顿当机修工，后进入马萨诸塞州本特雷学院就读，1977年获经济学学士学位，毕业后回到利比里亚。在20世纪90年代初的利比里亚内战时，他是非洲最知名的军阀之一，内战结束后他被选为总统。2003年7月以美国为首的一些国家强烈要求泰勒下台，不久后他流亡尼日利亚，为利比里亚结束长达14年的内战和举行大选铺平了道路。后来，他被联合国塞拉利昂特别法庭以战争罪、反人类罪和违反国际人道法等17项罪名指控，2012年5月30日他被裁定谋杀、强奸及强迫儿童当兵等11项罪名成立，被海牙法庭判处入狱50年。

陈独秀

陈独秀（1879—1942），安徽怀宁人，思想家、政治人物，中国共产党的主要创建者之一及首任总书记。中国新文化运动的发起人，中国文化启蒙运动的先驱，创办了著名白话文刊物《新青年》，也是五四运动的精神领袖，中国共产主义运动的先行者，中国共产党创始人和早期领导人之一。他于1927年7月被共产国际剥夺中共党内领导职务。1929年因为在中东路事件中反对当时中共提出的"武装保卫苏联"的口号，被开除党籍。之后，陈独秀思想开始向托洛茨基靠近，对斯大林进行了批判，并于1931年成立中国托派组织。

但丁

但丁·阿利吉耶里（1265—1321），意大利中世纪诗人，现代意大利语的奠基者，欧洲文艺复兴时代的开拓人物，以史诗《神曲》留名后世。但丁被认为是意大利最伟大的诗人，也是西方最杰出的诗人之一，全世界最伟大的作家之一。恩格斯评价说："封建的中世纪的终结和现代资本主义纪元的开端，是以一位大人物为标志的，这位人物就是意大利人但丁，他是中世纪的最后一位诗人，同时又是新时代的最初一位诗人。"

德谟克利特

德谟克利特（约公元前460—公元前370或公元前356），来自古希腊爱琴海北部海岸的自然派哲学家。德谟克利特是经验的自然科学家和第一个百科全书式的学者，古代唯物思想的重要代表。他是"原子论"的创始者，由原子论入手，他建立了认识论，并在哲学、逻辑学、物理、数学、天文、动植物、医学、心理学、伦理学、教育学、修辞学、军事、艺术等方面，都有所建树。可惜他的大多数著作都散失了，至今只能看到若干残篇断简，这对理解他的思想造成了一定的困难。

德谟克利特的自然科学虽然也有类似实验解剖这样的科学结论，但是他在哲学上的大部分见解都与经验直接相关。他的原子论是受着水汽蒸发以及香味传递等感性直观，依赖哲学思维推测出来的，通过感官的参与，即经验，直接推测了原子论的可能，并由原子论进一步影响认识论等。说他是自然科学家，主要是缘于他对于自然科学起到的奠基作用，但是在哲学领域，他是个彻头彻尾的经验论者，在他那个年代的哲学家鲜有严谨依赖科学思维得出哲学结论的人，这是可想而知的。

笛卡尔

勒内·笛卡尔（1596—1650），生于法国，逝世于瑞典斯德哥尔摩，是法国著名的哲学家、数学家、物理学家。他对现代数学的发展作出了重要的贡献，因将几何坐标体系公式化而被认为是解析几何之父。他还是西方现代哲学思想的奠基人，是近代唯物论的开拓者，并且提出了"普遍怀疑"的主张。他的哲学思想深深影响了之后的几代欧洲人，开拓了所谓的"欧陆理性主义"哲学。黑格尔称他为"现代哲学之父"。笛卡尔堪称17世纪欧洲哲学界和科学界最有影响的巨匠之一，被誉为"近代科学的始祖"。

恩格斯

弗里德里希·冯·恩格斯（1820—1895），德国思想家、哲学家、革命家，全世界无产阶级和劳动人民的伟大导师，马克思主义的创始人之一。恩格斯是卡尔·马克思的挚友，被誉为"第二提琴手"，他为马克思从事学术研究提供了大量经济上的支持。在马克思逝世后，将马克思的大量手稿、遗著整理出版，并且成为国际工人运动众望所归的领袖。

费尔巴哈

路德维希·安德列斯·费尔巴哈（1804—1872），德国哲学家。出生于拜恩州（巴伐利亚）下拜恩区的首府兰茨胡特，死于同一州的纽伦堡，他是德国法学家保罗·约翰·安塞姆里特·冯·费尔巴哈的第四个儿子。费尔巴哈对基督教的批判在社会上产生了很大影响，他的某些观点在德国教会和政府的斗争中被一些极端主义者接受。他对卡尔·马克思的影响也很大，虽然马克思并不赞同他观点中的机械论，马克思曾写过《费尔巴哈提纲》，批判他形而上学的唯物主义观点。费尔巴哈的主要著作有《黑格尔哲学批判》和《基督教的本质》等。

费希特

约翰·戈特利布·费希特（1762—1814），德国哲学家。尽管他是自康德的著作发展开来的德国唯心主义哲学的主要奠基人之一，但他在西方哲学史上的重要性往往被轻视了。费希特往往被认为是连接康德和黑格尔两人哲学间的过渡人物。近些年来，由于学者们注意到他对自我意识的深刻理解而重新认识到他的地位。和在他之前的笛卡尔和康德一样，对于主观性和意识的问题激发了他的许多哲学思考。费希特的一些观点也涉及了政治哲学，因此，他被一些人认为是德国国家主义之父。

弗洛伊德

西格蒙德·弗洛伊德（1856—1939），犹太人，奥地利精神病医生及精神分析学家，精神分析学派的创始人，此学派被称为"维也纳第一精神分析学派"，以区别于后来由此演变出的第二及第三学派。著有《性学三论》、《梦的解析》、《图腾与禁忌》、《日常生活的心理病理学》、《精神分析引论》、《精神分析引论新编》等。提出"潜意识"、"自我"、"本我"、"超我"、"俄狄浦斯情结"、"性冲动"、"心理防卫机制"等概念。其成就对哲学、心理学、美学，甚至社会学、文学等都有深刻的影响，被世人誉为"精神分析之父"。但他的理论诞生至今，却一直饱受争议。

伏尔泰

伏尔泰（1694—1778），原名弗朗索瓦·马利·阿鲁埃，伏尔泰是他的笔名。法国启蒙时代思想家、哲学家、文学家，启蒙运动公认的领袖和导师。伏尔泰是18世纪法国资产阶级启蒙运动的旗手，被誉为"法兰西思想之王"、"法兰西最优秀的诗人"、"欧洲的良心"。他不仅在哲学上有卓越成就，也以捍卫公民自由，特别是信仰自由和司法公正而闻名。尽管在他所处的时代，审查制度十分严厉，伏尔泰仍然公开支持社会改革。他的论说以讽刺见长，常常抨击天主教教会的教条和当时的法国教育制度。伏尔泰的著作和思想与托马斯·霍布斯及约翰·洛克一道，对美国革命和法国大革命的主要思想家都有影响。

傅立叶

夏尔·傅立叶（1772—1837），法国著名哲学家，经济学家，空想社会主义者。出身于商人家庭的傅立叶批评当时资本主义社会的一些丑恶现象，希望建立一种以法伦斯泰尔为基层组织的社会主义社会，在这里个人利益和集体利益是一致的。他还揭露资本主义的罪恶，主张建立一个社会主义社会，但他幻想通过宣传和教育来实现这一目的。他还强调妇女解放，提出妇女解放的程度是人民是否彻底解放的准绳。

葛兰西

　　安东尼奥·葛兰西（1891—1937）是意大利共产主义思想家、意大利共产党创始者和领导人之一。他的文艺理论著作大多写于狱中，战后才得到广泛的传播和研究。他批判资产阶级唯心主义文艺观和克罗齐的"艺术即直觉"的观点，坚持历史唯物主义和无产阶级党性原则，提出创立"民族-人民的文学"的口号，对文学与社会生活，作家与时代、人民，作品的内容与形式的关系，文艺批评的任务，作了精辟的论述；同时对许多古典作家和20世纪重要的文学现象作了分析和论述。葛兰西奠定了意大利马克思主义文艺理论的基础。

哈贝马斯

　　尤尔根·哈贝马斯，是德国当代最重要的哲学家、社会理论家之一，是批判学派中的法兰克福学派的第二代旗手。他1929年生于杜塞多夫，历任海德堡大学教授、法兰克福大学教授、法兰克福大学社会研究所所长以及德国马普协会生活世界研究所所长。1994年荣休，被公认是"当代最有影响力的思想家"，他同时也是西方马克思主义法兰克福学派第二代的中坚人物。他继承和发展了康德哲学，致力于重建"启蒙"传统，视现代性，视现代性为"尚未完成之工程"，提出了著名的沟通理性的理论，对后现代主义思潮进行了深刻的对话及有力的批判。他著有《历史唯物主义的重建》、《交往行为理论》等著作。

海德格尔

马丁·海德格尔（1889—1976），德国哲学家，20世纪存在主义哲学的创始人和主要代表之一。出生于德国西南巴登邦弗赖堡附近的梅斯基尔希的天主教家庭，逝于德国梅斯基尔希。他在现象学、存在主义、解构主义、诠释学、后现代主义、政治理论、心理学及神学领域都有举足轻重的影响。此外，他还著有《存在与时间》一书，本书深深影响了20世纪哲学，尤其是存在主义、解释学和解构主义。

黑格尔

格奥尔格·威廉·弗里德里希·黑格尔（1770—1831），德国哲学家，出生于德国西南部巴登-符腾堡州首府斯图加特。18岁时，他进入蒂宾根大学学习，在那里，他与荷尔德林、谢林成为朋友，同时，为斯宾诺莎、康德、卢梭等人的著作和法国大革命深深吸引。许多人认为，黑格尔的思想，象征着19世纪德国唯心主义哲学运动的顶峰，对后世哲学流派，如存在主义和马克思的历史唯物主义都产生了深远的影响。更有甚者，由于黑格尔的政治思想兼具自由主义与保守主义两者之要义，因此，对于那些因看到自由主义在承认个人需求、体现人的基本价值方面的无能为力，而觉得自由主义正面临挑战的人来说，他的哲学无疑是为自由主义提供了一条新的出路。1807年，黑格尔出版了第一部作品《精神现象学》。《精神现象学》是一段伟大的概念旅程，带领我们从最基本的人类意识概念，走向最包罗万象而复杂的人类意识概念。

霍布斯

托马斯·霍布斯（1588—1679），英国的政治哲学家，创立了机械唯物主义的完整体系，认为宇宙是所有机械地运动着的广延物体的总和。他提出"自然状态"和国家起源说，认为国家是人们为了遵守"自然法"而订立契约所形成的，是一部人造的机器人，当君主可以履行该契约所约定的保证人民安全的职责时，人民应该对君主完全忠诚。他于1651年出版的《利维坦》一书，为之后所有的西方政治哲学发展奠定了根基。霍布斯的思想对其后的约翰·洛克、孟德斯鸠和让·雅克·卢梭有深刻影响，但同时他的社会契约理论与绝对君主思想又有其独特性。

基佐

弗朗索瓦·皮埃尔·吉尧姆·基佐（1787—1874），法国政治家、历史学家，他在1847年到1848年间任法国首相，是法国第二十二位首相。他是保守派人士，在任期间，他未能留心民间的疾苦，对内主张实行自由放任政策；对外则主张成立法比关税同盟，以对抗当时的德意志关税同盟，但这些措施均引起国内和国外的不满。1848年的二月革命，路易·菲利普的七月王朝被推翻，基佐也因而下台。他著有《英国革命史》、《欧洲文明史》、《法国文明史》等著作。

卡尔·考茨基

卡尔·考茨基（1854—1938），社会民主主义活动家，亦是马克思主义发展史中的重要人物。考茨基是卡尔·马克思代表作《资本论》第四卷的编者，是19世纪末德国社会民主党内最主要的领导人之一。

康德

伊曼努尔·康德（1724—1804），德国哲学家、天文学家，是星云假说的创立者之一、德国古典哲学的创始人、唯心主义者、不可知论者，德国古典美学的奠定者。他被认为是现代欧洲最具影响力的思想家之一，也是启蒙运动最后一位主要哲学家。康德哲学理论的一个基本出发点是认为将经验转化为知识的理性是人与生俱来的，没有先天的范畴我们就无法理解世界。他的这个理论结合了英国经验主义与欧陆的理性主义，对德国唯心主义与浪漫主义影响深远。

康德的一生可以以1770年为标志分为前期和后期两个阶段，

前期主要研究自然科学，后期则主要研究哲学。前期的主要成果有1755年发表的《自然通史和天体论》，其中提出了太阳系起源的星云假说。在后期，从1781年开始的9年里，康德出版了一系列涉及领域广阔、有独创性的伟大著作，给当时的哲学思想带来了一场革命，它们包括《纯粹理性批判》（1781年）、《实践理性批判》（1788年）和《判断力批判》（1790年）。"三大批判"的出版标志着康德哲学体系的完成。三大批判分别探讨了认识论、伦理学以及美学。

政治上，康德是一名自由主义者，他支持法国大革命以及共和政体，在1795年他还出版过《论永久和平》一书，提出议制政府与世界联邦的构想。其生前最后一本有代表性的著作是《人类学》（1798年），一般认为该书是对整个学说的概括和总结。康德晚年已经以一名出色的哲学家闻名于世，他去世后，人们为他举行了隆重的葬礼。

孔德

奥古斯特·孔德（1798—1857）是法国著名的哲学家，社会学、实证主义的创始人。1817年8月，他成为著名的乌托邦社会主义者圣西门的秘书。1830年，《实证主义教程》第一卷出版，稍后其他各卷（共四卷）陆续出版。1842年出版的第四卷中，正式提出"社会学"这一名称，并建立起社会学的框架和构想。1844

年孔德遇到对其理论发生重大影响的德克洛蒂尔德·德沃。受德沃影响，孔德创立"人道教"，并成立了具有宗教色彩的"实证主义学会"。整个19世纪，值得一提的法国社会学家屈指可数，但作为实证主义的创始人，奥古斯特·孔德被称为社会学之父当之无愧。他创立的实证主义学说是西方哲学由近代转入现代的重要标志之一。

李大钊

李大钊（1889—1927），字守常，河北乐亭人，中国共产党主要创立人之一，中国最早的马克思主义者和共产主义者之一，是中国国民党第一届中央执行委员会委员之一，也是在北伐时期推翻北洋军阀政府的要员之一，同时是共产国际的成员及其在中国的代理人。1927年被捕后遭张作霖处决。李大钊在中国共产主义运动和民族解放事业中，占有崇高的历史地位。

李约瑟

李约瑟（1900—1995），英国伦敦人，著名生物化学专家、汉学家，英国剑桥大学李约瑟研究所名誉所长。数次来到中国，先后任英国驻华科学参赞、中英科学合作馆馆长，1946年赴巴黎任联合国教科文组织自然科学部主任。著有《中国科学技术史》（28卷册）、《化学胚胎学》、《中国科学》、《科学前哨》及

《中国神针：针灸史及基本原理》等著作。

列宁

列宁（1870—1924），原名弗拉基米尔·伊里奇·乌里扬诺夫，列宁是他的笔名。列宁是无产阶级革命家、政治家、思想家、理论家，布尔什维克党创立者、苏联缔造者，任苏联人民委员会主席。他继承和发展了马克思主义，形成了列宁主义理论。他被全世界共产主义者广泛认同为"全世界无产阶级和劳动人民的伟大革命导师和领袖"，也被世人认为是20世纪最伟大的人物之一。俄罗斯国家电视台2008年进行了一项关于国内最伟大历史人物的网上民意调查评选活动，经过统计，列宁位列第六，位于亚历山大·涅夫斯基、斯托雷平、斯大林、普希金、彼得大帝之后。

卢梭

让·雅克·卢梭（1712—1778），启蒙时代瑞士裔的法国思想家、哲学家、政治理论家和作曲家，是18世纪法国大革命的思想先驱，启蒙运动最卓越的代表人物之一。其论文《科学和艺术的进步对改良风俗是否有益》及《论人类不平等的起源与基础》确定了他在哲学史上的地位；他的《社会契约论》的人民主权及民主政治哲学思想深刻影响了启蒙运动、法国大革命和现代政治、哲学和教育思想。此外，他还著有《爱弥儿》、《忏悔录》、《新爱洛伊斯》、《植物学通信》等著作。

罗莎·卢森堡

　　罗莎·卢森堡（1871—1919），国际共产主义运动史上杰出的马克思主义思想家、理论家、革命家，德国社会民主党和第二国际左派领袖，被列宁誉为"革命之鹰"。在反对资本主义、修正主义和帝国主义世界大战的暴风骤雨中，始终英勇斗争，不畏强暴，展现了高度的革命乐观主义精神。1871年3月5日，出生于俄国占领下的波兰扎莫希奇的一个犹太人家庭，她原是波兰立陶宛王国社会民主党理论家。1898年移居德国柏林，并加入德国社会民主党，是党内的社会民主理论家。1914年，当德国社会民主党宣布支持德国参与第一次世界大战时，她和卡尔·李卜克内西合作成立马克思主义革命团体"斯巴达克同盟"，与社民党内以艾伯特为代表的右倾势力斗争。该组织于1919年1月1日转为德国共产党。1918年11月，在德国革命期间，她创办了《红旗报》，作为左翼的中央机构。1915年—1918年间被多次关押。罗莎·卢森堡起草了德国共产党党纲。她认为1919年1月柏林的斯巴达克起义是一个错误，但起义开始后她还是加以支持。当起义被自由军团镇压时，卢森堡、李卜克内西与其他数百位支持者被逮捕，遭到严刑拷打并被杀害。

洛克

约翰·洛克（1632—1704），英国哲学家，经验主义的开创人，同时也是第一个全面阐述宪政民主思想的人，在哲学以及政治领域都有重要影响。洛克的第一本主要著作是《论宽容》，而洛克最知名的两本著作则分别是《人类理解论》和《政府论》。洛克的思想对于后代政治哲学的发展产生了巨大影响，并且被广泛视为是启蒙时代最具影响力的思想家和自由主义者。他的著作也大大影响了伏尔泰和卢梭，以及许多苏格兰启蒙运动的思想家和美国开国元勋。他的理论被反映在美国的《独立宣言》上。洛克的精神哲学理论通常被视为是现代主义中"本体"以及自我理论的奠基者，也影响了后来大卫·休谟、让·雅各·卢梭与伊曼努尔·康德等人的著作。洛克是第一个以连续的"意识"来定义自我概念的哲学家，他也提出了心灵是一块"白板"的假设。与笛卡尔和基督教哲学不同的是，洛克认为人生下来是不带有任何记忆和思想的。

马丁·路德

马丁·路德（1483—1546），宗教改革运动的发起人。他本来是罗马公教奥斯定会的会士、神学家和神学教授。为了坚决抗议罗马天主教会，他发动了一场宗教改革运动。他的改革终止了中世纪罗马公教教会在欧洲的独一地位。他翻译的路德圣经迄今为止仍是最重要的德语圣经译作。2005年11月28日，德国电视二台投票评选最伟大的德国人，路德名列第二位，仅次于康拉德·阿登纳。

马克思

卡尔·亨利希·马克思（1818—1883），马克思主义的创始人，第一国际的组织者和领导者，全世界无产阶级和劳动人民的伟大导师、政治家、哲学家、经济学家、革命理论家。主要著作有《资本论》、《共产党宣言》。他是无产阶级的精神领袖，是当代共产主义运动的先驱，支持他理论的人被视为马克思主义者。马克思最广为人知的哲学理论是他对于人类历史进程中阶级斗争的分析。他认为几千年以来，人类发展史上最大的矛盾与问题就在于不同阶级之间的利益掠夺。依据历史唯物论，马克思曾大胆地假设，资本主义终将被共产主义所取代。

毛泽东

毛泽东（1893—1976），字润之（原作咏芝，后改润芝），笔名子任，湖南湘潭人。中国革命家、战略家、理论家、诗人，中国共产党、中国人民解放军和中华人民共和国的主要缔造者和领袖，毛泽东思想的主要创立者。从1949年到1976年，毛泽东是中华人民共和国的最高领导人。他对马克思列宁主义的发展、军事理论的贡献以及对共产党的理论贡献被称为毛泽东思想。毛泽东担任过的主要职务几乎全部称为"主席",所以被尊称为"毛主席"。毛泽东被视为现代世界历史中最重要的人物之一,《时代》杂志将他评为20世纪最具影响的100人之一。

孟德斯鸠

查理·路易·孟德斯鸠(1689—1755),法国启蒙思想家,社会学家,是西方国家学说和法学理论的奠基人。1748年他出版了《论法的精神》,全面分析了三权分立的原则。伏尔泰夸赞这本篇幅巨大、包罗万象的著作是"理性和自由的法典"。

尼采

弗里德里希·威廉·尼采(1844—1900),德国著名哲学家,西方现代哲学的开创者,同时也是卓越的诗人和散文家,他的著作对于宗教、道德、现代文化、哲学,以及科学等领域提出了广泛的批判和讨论。他的写作风格独特,经常使用格言和悖论的技巧。尼采对于后代哲学的发展影响极大,尤其是在存在主义与后现代主义上。他最早开始批判西方现代社会,然而他的学说在他的时代却没有引起人们的重视,直到20世纪,才激起深远的调门各异的回声。后来的生命哲学、存在主义、弗洛伊德主义、后现代主义,都以各自的形式回应尼采的哲学思想。尼采著有

《悲剧的诞生》、《查拉图斯特拉如是说》、《偶像的黄昏》等著作。

欧文

罗伯特·欧文（1771—1858），英国乌托邦社会主义者，也是一位企业家、慈善家。欧文在历史上第一次揭示了无产阶级贫困的原因，并从生产力的角度提出公有制与大生产的紧密关系，他晚年还提出过共产主义主张。他最著名的著作为《新社会观》、《新道德世界书》。罗伯特·欧文是历史上第一个创立学前教育机关（托儿所、幼儿园）的教育理论家和实践者。教育与生产劳动相结合，是欧文对人类教育理论宝库的一大贡献。他认为，要培养智育、德育、体育全面发展的一代新人，必须把教育与生产劳动结合起来。

培根

弗朗西斯·培根（1561—1626），英国哲学家、思想家、作家和科学家，是古典经验论的始祖。他不但在文学、哲学上多有建树，在自然科学领域里，也取得了重大成就。培根是一位经历了诸多磨难的贵族子弟，复杂多变的生活经历丰富了他的阅历，随之而来的是他的思想成熟，言论深邃，富含哲理。他是一位理性主义者而不是迷信的崇拜者，是一位经验论者而不是诡辩学者；在政治上，他是一位现实主义者而不是理论家。他在逻辑学、美学、教育学方面也提出许多思想。他著有《新工具》、《论说随笔文集》等著作，此外，他还有许多名言为众人所知，"知识就是力量"就是其中最著名的一句名言。

普列汉诺夫

格奥尔基·瓦连廷诺维奇·普列汉诺夫（1856—1918），俄国马克思主义先驱，俄国社会民主工党总委员会主席。他早年是民粹主义者，在1883年后的20年间是俄国马克思主义政党的创始人和领袖之一，是最早在俄国和欧洲传播马克思主义的思想家，也是俄国和国际工人运动的著名活动家，十分受列宁尊敬。

普罗泰戈拉

普罗泰戈拉（约公元前490—约公元前420），公元前5世纪希腊哲学家，智者派的主要代表人物。他出生在阿布德拉城，多次来到当时希腊奴隶主民主制的中心雅典，与民主派政治家伯里克利结为挚友，曾为意大利南部的雅典殖民地图里城制定过法典。一生旅居各地，收徒传授修辞和论辩知识，是当时最受人尊敬的"智者"。普罗泰戈拉留传下来的最主要的哲学名言就是在《论真理》中说的，"人是万物的尺度，存在时万物存在，不存在时万物不存在。"

塞利格曼

马丁·塞利格曼（1942— ），美国心理学家，主要从事习得性无助、抑郁、乐观主义、悲观主义等方面的研究。曾获美国应用与预防心理学会的荣誉奖章，并由于他在精神病理学方面的研究而获得该学会的终身成就奖。1998年当选为美国心理学会主席。

圣西门

克劳德·昂列·圣西门（1760—1825），法国哲学家、经济学家、社会改革家、空想社会主义者。与实证主义创始人奥古斯特·孔德相熟，曾聘其为秘书。圣西门出身贵族，曾参加法国大革命，还参加过北美独立战争。他抨击资本主义社会，致力于设计一种新的社会制度，并花掉了他的全部家产。在他所设想的社会中，人人劳动，没有不劳而获，没有剥削，没有压迫。圣西门一生写了许多著作，但直到1825年4月发表的《新基督教》这部圣西门最后的著作，才标志着他创建的空想社会主义大厦的完成。

叔本华

亚瑟·叔本华（1788—1860），德国著名哲学家，他继承了康德对于现象和物自体之间的区分。不同于他同代的费希特、谢林、黑格尔等取消物自体的做法，他坚持物自体，并认为它可以通过直观而被认识,将其确定为意志。意志独立于时间、空间,所有理性、知识都从属于它,人们只有在审美的沉思时才能逃离其中。叔本华将他著名的极端悲观主义和此学说联系在一起,认为意志的支配最终只能导致虚无和痛苦。他对心灵屈从于器官、欲望和冲动的压抑、扭曲的理解预言了精神分析学和心理学。他的代表著作有《作为意志和表象的世界》等。

斯大林

约瑟夫·维萨里奥诺维奇·斯大林(1879—1953),苏联共产党中央总书记、苏联部长会议主席、苏联大元帅,是苏联执政时间最长(1924—1953)的最高领导人,在任期间,全力进行社会主义工业化和农业集体化,使苏联成为重工业和军事大国,但同时也导致了乌克兰大饥荒。斯大林树立对自己的个人崇拜,实施大清洗,并对车臣等少数族裔进行压迫流放,严重破坏了民主和法制。第二次世界大战中领导苏联红军,与盟军协力击败轴心国,苏联领土也有了很大的扩张。战后他扶植了社会主义阵营,在冷战中与以美国为首的北约对峙。1953年3月5日因脑溢血去世。2008年,俄罗斯国家电视台举行了一次"最伟大的俄罗斯人"的评选活动,斯大林高居第三(四至六位分别是普希金、彼得大帝、列宁),仅次于亚历山大·涅夫斯基和斯托雷平。

苏格拉底

　　苏格拉底（公元前469—公元前399），古希腊著名的思想家、哲学家、教育家，他和他的学生柏拉图，以及柏拉图的学生亚里士多德被并称为"古希腊三贤"，更被后人广泛认为是西方哲学的奠基者。身为雅典的公民，据记载，苏格拉底最后被雅典法庭以引进新的神和腐蚀雅典青年思想之罪名判处死刑。尽管他曾获得逃亡雅典的机会，但苏格拉底仍选择饮下毒堇汁而死，因为他认为逃亡只会进一步破坏雅典法律的权威，同时也是因为担心他逃亡后雅典将再没有好的导师可以教育人们了。

孙中山

　　孙中山，本名孙文，谱名德明，字载之，号日新，又号逸仙，幼名帝象。中国近代民主主义革命先驱，中华民国和中国国民党创始人，三民主义的倡导者。首举彻底反封建的旗帜，"起共和而终帝制"。1905年成立中国同盟会。1911年辛亥革命后被推举为中华民国临时大总统。1929年6月1日，根据其生前遗愿，陵墓永久迁葬于南京钟山中山陵。1940年，国民政府通令全国，尊称其为"中华民国国父"。他是一位在海峡两岸都受到敬重的革命家，中华民国尊其为国父，中国国民党尊其为总理，毛泽东和中国共产党称孙中山为"中国近代民主革命的伟大先行者"。

维柯

乔瓦尼·巴蒂斯塔·维柯（1668—1744）是一名意大利政治哲学家、修辞学家、历史学家和法理学家。他为古老风俗辩护，批判了现代理性主义，并以巨著《新科学》闻名于世。

谢林

弗里德里希·威廉·约瑟夫·冯·谢林（1775—1854），德国哲学家。谢林是德国唯心主义发展中期的主要人物，处在费希特和黑格尔之间。谢林的自然哲学受到了浪漫派大诗人歌德的欣赏，也得到了德国自然科学的欢迎。

亚当·斯密

亚当·斯密（1723—1790），苏格兰哲学家和经济学家，是经济学的主要创立者。他所著的《国富论》成为了第一本试图阐述欧洲产业和商业发展历史的著作。这本书发展出了现代的经济学学科，也提供了现代自由贸易、资本主义和自由意志主义的理论基础。

亚里士多德

亚里士多德（公元前384—公元前322），古希腊斯吉塔拉人，世界古代史上最伟大的哲学家、科学家和教育家之一。是柏拉图的学生，亚历山大大帝的老师。公元前335年，他在雅典办了一所叫吕克昂的学校，被称为逍遥学派。马克思曾称亚里士多德是古希腊哲学家中最博学的人物，恩格斯称他是古代的黑格尔。作为一位最伟大的、百科全书式的科学家，亚里士多德对世界的贡献无人可比。他对哲学的几乎每个学科都作出了贡献。他的写作涉及伦理学、形而上学、心理学、经济学、神学、政治学、修辞学、自然科学、教育学、诗歌、风俗，以及雅典宪法。

伊壁鸠鲁

伊壁鸠鲁（公元前341—公元前270），古希腊哲学家、无神论者，伊壁鸠鲁学派的创始人。伊壁鸠鲁成功地发展了阿瑞斯提普斯的享乐主义，并将之与德谟克利特的原子论结合起来。他的学说的主要宗旨就是要达到不受干扰的宁静状态。

伊壁鸠鲁的学说和苏格拉底及柏拉图最大的不同在于，前者强调远离责任和社会活动。伊壁鸠鲁认为，最大的善来自快乐，没有快乐就没有善。快乐包括肉体上的快乐，也包括精神上的快乐。伊壁鸠鲁区分了积极的快乐和消极的快乐，并认为消极的快乐拥有优先的地位，它是"一种厌足状态中的麻醉般的狂喜"。同时，伊壁鸠鲁强调，在我们考量一个行动是否有趣时，我们必须同时考虑它带来的副作用。在追求短暂快乐的同时，也必须考虑是否可能获得更大、更持久、更强烈的快乐。他还强调,肉体的快乐大部分是强加于我们的,而精神的快乐则可以被我们所支配,因此交朋友、欣赏艺术等也是一种乐趣。

伊壁鸠鲁悖论是其著名遗产之一。伊壁鸠鲁也同意德谟克利特的有关"灵魂原子"的说法,认为人死后,灵魂原子离肉体而去,四处飞散,因此人死后并没有生命。他说:"死亡和我们没有关系,因为只要我们存在一天,死亡就不会来临,而死亡来临时,我们也不再存在了。"伊壁鸠鲁认为对死亡的恐惧是非理性的,因为对自身死亡的认识是对死亡本身的无知。

《1844年经济学哲学手稿》

《1844年经济学哲学手稿》是卡尔·马克思在年轻时代为了总结自己的思想和弄清思考的问题而写的一个未完成的手稿,由三个部分组成,这是一部研究政治经济学和哲学的著作。该手稿中,马克思根据当时情况,对一系列德国的古典哲学(包括黑格尔的辩证法、费尔巴哈的唯物论)、英国的古典政治经济学(亚当·斯密)以及法国的空想社会主义进行批判性整合。该手稿可以反映出马克思已经完全脱离了黑格尔的理论。

《德法年鉴》

《德法年鉴》是德国"第一个社会主义的刊物"。1844

年2月底只在巴黎用德文出版了1—2期合刊号，主编是阿·卢格和马克思。由于当时卢格患病，这一期合刊主要是由马克思编辑的。这期合刊包括卢格写的《德法年鉴》计划、杂志撰稿人之间的8封通信、马克思的著作《〈黑格尔法哲学批判〉导言》和《论犹太人问题》、恩格斯的著作《政治经济学批判大纲》和《英国状况》，以及其他人写的三篇文章、两首诗、一份官方判决书和编后记《刊物的展望》。马克思和恩格斯在《德法年鉴》上发表的文章表明，他们最终完成了从革命民主主义向共产主义的转变。

《德意志意识形态》

《德意志意识形态》是一本哲学巨著文本，于1845年由马克思和恩格斯合著，于1932年在莫斯科出版。在1847年，《德意志意识形态》的部分内容在《威斯特伐里亚汽船》杂志8月和9月号发表过。本书第一次系统阐述了历史唯物主义的基本原理，如社会存在决定社会意识、生产方式在社会生活中起决定作用、生产关系必须适合生产力的发展等，标志着马克思主义哲学的成熟。此外，本书还批判地分析了当时的费尔巴哈、鲍威尔及施蒂纳的唯心主义历史观，批判了真正的社会主义或德国社会主义的各种代表哲学观点，表达了对科学社会主义的认识。

《反杜林论》

《反杜林论》是恩格斯于1876年5月底至1878年7月初的著作,是一部伟大的马克思主义著作,是马克思主义发展史上的一座丰碑。

《共产党宣言》

《共产党宣言》是无产阶级革命导师马克思、恩格斯受"共产主义者同盟"1847年12月伦敦第二次代表大会的委托,于1847年11月—1848年1月间共同撰写的关于科学共产主义的第一个纲领性文献。它是国际共产主义运动的第一个纲领性文献,是一部划时代的光辉文献。《共产党宣言》以辩证唯物主义与历史唯物主义为理论基础,以阶级斗争为线索,解剖了资本主义制度,阐明了资本主义的发生、发展和必然灭亡的客观规律;阐明了无产阶级作为资本主义掘墓人和共产主义创建者的伟大历史使命;论证了无产阶级革命和无产阶级专政是无产阶级获得解放的唯一道路;批判了打着社会主义招牌的同科学共产主义相对立的各种流派的所谓理论;奠定了无产阶级政党的学说,并确立了党的战略、策略、原则。

《关于费尔巴哈的提纲》

《关于费尔巴哈的提纲》写于1845年春,马克思生前未发表过。最早发表于1888年,恩格斯在《路德维希·费尔巴哈和德国古典哲学的终结》的序言中称这个文件为"关于费尔巴哈的提纲",并作为该书的附录首次发表。它被恩格斯称为"包含着新世界观的天才萌芽的第一个文件","历史唯物主义的起源"。《关于费尔巴哈的提纲》和《德意志意识形态》一起被公认为是马克思主义哲学,特别是唯物史观创立的基本标志。

《火星报》

《火星报》是由俄国社会民主工党的人士在德国所创办的一份政治性的报纸,系俄国社会民主工党中央机关报,第一个全俄政治报。1900年12月24日,由列宁、普列汉诺夫创办于德国莱比锡。《火星报》的座右铭是星火燎原,该句出于弗拉基米尔·奥多耶夫斯基对普希金的诗《致西伯利亚的囚徒》的回复;另外东干族亦曾有份以东干语撰写的《东方火星报》。《火星报》于1900年12月在德国首次发行,不久后即迁往德国慕尼黑进行出版,1902年4月移至英国伦敦出版,1903年之后移至瑞士日内瓦继续出版。该报为党制订了纲领草案,并筹备了党的第二次全国代表大会。1903年,该报发生分裂。以列宁为首的多数派退出了编辑部后,《火星报》便成为孟什维克派的喉舌,最后,《火星报》在1905年停刊,一共发行了112期,其中列宁参与编辑的前51期又被称为"旧火星报",52期以后的部分则被称为"新火星报"。

《莱茵报》

《莱茵报》,《莱茵政治、商业和工业日报》的简称,"德国现代期刊的先声"(恩格斯语,《马克思恩格斯选集》第1卷第514页)。

《路德维希·费尔巴哈和德国古典哲学的终结》

《路德维希·费尔巴哈和德国古典哲学的终结》是恩格斯为论述马克思主义哲学同德国古典哲学的关系,阐明马克思主义哲学基本原理而写的一部重要的哲学著作。写于1886年,同年发表在德国社会民主党理论杂志《新时代》的第4—5期上。1888年出版单行本。20世纪20年代末30年代初传入中国,曾出版过林超真、彭嘉生、张仲实等人的6种译本。这本著作全面论述了马克思主义哲学和黑格尔、费尔巴哈哲学之间的批判继承关系,系统阐述了辩证唯物主义和历史唯物主义的基本原理,具体说明了马克思主义哲学产生的理论来源和自然科学基础,深刻分析了马克思主义哲学在哲学领域中革命变革的实质。

《前进报》

德国社会主义工人党中央机关报,1876年10月1日创刊。1875年5月召开的德国社会民主党和全德工人联合会哥达合并大会决定,两派的机关报暂时并列为新成立的社会主义工人党的机关报。

《人权宣言》

《人权宣言》，1789年8月26日颁布，是在法国大革命时期颁布的纲领性文件。《人权宣言》以美国的《独立宣言》为蓝本，采用18世纪的启蒙学说和自然权论，宣布自由、财产、安全和反抗压迫是天赋不可剥夺的人权，肯定了言论、信仰、著作和出版自由，阐明了司法、行政、立法三权分立，法律面前人人平等，私有财产神圣不可侵犯等原则。

《人是机器》

法国J.O.拉美特里的著作。在作者因出版《心灵的自然史》一书被迫流亡荷兰时写成，1747年匿名发表。拉美特里根据大量医学、解剖学和生理学的科学材料，证明人的心灵状况决定于人的机体状况，特别着重证明思维是大脑的机能和道德源于机体的自我保存的要求。《人是机器》假定一切生物都具有所谓"运动的始基"，它是生物的运动、感觉以及思维和良知产生的根据。书中明确指出，运动的物质能够产生有生命的生物、有感觉的动物和有理性的人。公开表明唯物主义和无神论的立场，驳斥心灵为独立的精神实体的唯心主义观点，论证精神对物质的依赖关系。《人是机器》在自然观、认识论、社会历史观、无神论和伦理学等许多方面还提出一系列后来为其他法国唯物主义者进一步发展了的思想。它是18世纪法国第一部以公开的无神论形式出现的系统的机械唯物主义著作。

《神圣家族》

《神圣家族》是一本由马克思和恩格斯在1844年11月创作的书。这本书对青年黑格尔派及其在当时学术界极其流行的思想潮流进行了批判。该书的名称是由出版商提议取的，并用作讽刺鲍威尔兄弟及其支持者。该书引发了争议并使得鲍威尔对此进行了反驳。鲍威尔称马克思和恩格斯误解了自己的说法。马克思之后在《德意志意识形态》中讨论了相关问题。

《唯物主义和经验批判主义》

《唯物主义和经验批判主义》是列宁批判经验批判主义哲学思潮、阐述辩证唯物主义认识论的重要著作。1908年2月—10月在日内瓦和伦敦写成，1909年5月由莫斯科"环节"出版社出版。这部著作在国际上得到了广泛的传播，先后被译为20多种文字。它对中国思想界也有很大的影响，1930年，笛秋和朱铁笙第一次将它译成中文，由上海明日书店出版发行。

《真理报》

《真理报》是1918年至1991年间苏联共产党中央委员会的机关报。《真理报》在1991年被时任俄罗斯联邦总统的叶利钦下令关闭，但同名的报纸不久后又开始发行。原《真理报》的大部分职员于1999年加入了新创建的网络媒体"真理报在线"。"真理报在线"目前是访问人数最多的俄罗斯新闻网站，它与俄罗斯国内正在发行的《真理报》没有任何关系。俄罗斯国内还有多份同名的报纸一直在发行。原《真理报》在西方乃至全世界都以其政治色彩而著称。

《政治经济学批判大纲》

《政治经济学批判大纲》是恩格斯的第一篇经济学著作。写于1843年底至1844年1月，1844年2月发表在《德法年鉴》上。中译本收入人民出版社1956年出版的《马克思恩格斯全集》第1卷。研究了资本主义社会经济制度和资产阶级政治经济学的基本范畴，论述了消灭私有制的必要性，对社会主义革命作了初步论证，是马克思主义发展史上第一篇经济学著作。

《资本论》

《资本论》是马克思的著作，以唯物史观的基本思想为指导，通过深刻分析资本主义生产方式，揭示了资本主义社会发展的规律，同时也使唯物史观得到了科学的验证和进一步的丰富发展。《资本论》运用唯物史观的观点和方法，将社会关系归结为生产关系，将生产关系归结于生产力的高度，从而证明了社会形态的发展是一个不以人的意志为转移的自然历史过程。

《自然辩证法》

《自然辩证法》是德国哲学家弗里德里希·恩格斯一部尚未完成的著作，是恩格斯多年来对自然科学研究的总结。对19世纪中期的主要自然科学成就用辩证唯物主义的方法进行了概括，并批判了自然科学中的形而上学和唯心主义的观念。在恩格斯去世后，1896年发表了其中一篇论文《劳动在从猿到人转变过程中的作用》，1898年发表了其中另一篇论文《神灵世界中的自然科学》，直到1925年才在前苏联出版的德文和俄文译本对照的《马克思恩格斯文库》中全文发表。